U0448784

真教育

我的教育理想

柳袁照 ◎ 著

长江出版传媒
长江文艺出版社

图书在版编目（CIP）数据

真教育：我的教育理想 / 柳袁照著. -- 武汉：长江文艺出版社，2023.6
（大教育书系）
ISBN 978-7-5702-1300-9

Ⅰ.①真… Ⅱ.①柳… Ⅲ.①学校管理 Ⅳ.①G47

中国国家版本馆 CIP 数据核字（2023）第 031744 号

真教育：我的教育理想
ZHEN JIAOYU：WO DE JIAOYU LIXIANG

| 责任编辑：施柳柳 姜 晶 | 责任校对：毛季慧 |
| 封面设计：天行健设计 | 责任印制：邱 莉 杨 帆 |

出版： 长江出版传媒 长江文艺出版社
地址：武汉市雄楚大街268号　　邮编：430070
发行：长江文艺出版社
http://www.cjlap.com
印刷：湖北恒泰印务有限公司

开本：710毫米×970毫米　　1/16　　印张：10.875　　插页：2页
版次：2023年6月第1版　　　　　　2023年6月第1次印刷
字数：110千字

定价：42.00元

版权所有，盗版必究（举报电话：027—87679308　87679310）
（图书出现印装问题，本社负责调换）

序

上一次出书，也是在长江文艺出版社，书名叫《学校应该是一个有诗意的地方》，我很喜欢。那本书表达了我的教育信仰、教育愿望。今年，长江文艺出版社又为我出一本新书，书名叫《真教育：我的教育理想》，我同样很喜欢，书名响亮，像清晨站在朝阳下的"宣言"，表明我做教育坚定而不屈的意志。

当下的教育说简单又不简单，说复杂又不复杂，一些教育最基本的准则，可能已经被我们遗忘。这种遗忘有的是被迫的——从被迫到习惯，从不情愿到情愿，也是有的。做"真教育"应该是理所当然的事，可是做起来却很难。陶行知有一句名言："千教万教教人求真，千学万学学做真人。"他说得很清楚，教与学无论做什么，总不能离开"教人求真""学做真人"，可是现实呢？

当年，我曾与一群志同道合者一起倡导并践行"诗性教育"。"诗性教育"的一个基本点，就是做"本真"的教育。因而一切非本真的教育思想、理念、行动、行为，都是与"诗性教育"背道而驰，被我们所不齿的。非真即假，非真即伪，假教育、伪教育常常以"时尚""有效""高效"等面目出现，但它们体现的其实是赤裸裸的功利与浮躁。

本真的教育，即真教育，是与本真的人结合在一起的。做真教育，首先要做真人。什么是真人？本色的人，纯粹的人，有一颗童心的人。教育的真人，还不同于一般的真人，他们要有教育的底色、教育的底蕴；他们能遵循教育的规律，能尊重生命成长的规律；他们内心要有坚守，不能被各种名利诱惑；他们不能屈服于各种权势与压力；他们需要不忘初心，不忘使命。

我一直记得我的校友杨绛的一句话——在她健在的时候，我们去她家看望她，与她聊教育，聊我们的母校，她总是说："母校有一股味儿，影响了我一生。"这"味儿"是什么呢？母校百年校庆前夕，她给母校题词："实事求是。"如今她的题词石碑矗立在校园里，给我们诸多的启发——实事求是就是真教育的基本内涵，或者说就是真教育的基石。

真教育是与本真的文化融为一体的。杨绛所说的一股味儿，其实就是"学校文化"。"真教育"是要有"真文化"为依托的，没有"真文化"，说"做真教育"只是一句空话。学校文化最能体现学校的价值观，是学校的灵魂。

做"真教育"说说容易，做却很难。从自身的经历说起，我也曾迷惑过、迷失过、彷徨过、无奈过。一所学校做的是不是真教育，有时候也很难辨别。真真假假，混合在一起，也很难都怪校长、老师，但是我们不能"过度"。

我还记得我的另一位校友费孝通的一句话："各美其美，美人之美，美美与共，天下大同。"这是"文化自觉"的完整表达，做真教育也要有"文化自觉"的态度。这十六个字内涵很丰富，教育工作者要有一种内心坚守的态度，开放的态度，携手并进的态度，整个儿地实现我们教育理想的态度；仅有态度还不行，还要有行动，日常的行动，发自内心的行动。

本书中的文字，都是我近几年的所见、所感、所想。在这几年的非常时期，我仍在行走——我既在体制内行走，也在体制外行走。公办学校、民办学校的发展态势、生存状态，我都有一定的了解，并尽力去理解它们。疫情三年，相对封闭的日子，我仍然跑了六十多个地方，东南西北，城市农村。我参与办学，参与管理，这其中的交流讲学，接触的人与事，不能说不多。这本书中的文字，从某种意义上说，就是我的足迹，值得珍惜与珍藏。

做真教育，是我们这代人不懈的理想追求，我们永远在路上，用屈原的诗句"路漫漫其修远兮，我将上下而求索"来形容，是最恰当不过的了，我们当互勉。

柳袁照
2023 年 4 月 2 日

第一辑　好的校长，关乎学校的格局

003　好校长还需要这四项修炼

007　校长的三重境界

011　不能做只会写文章的名师校长

014　校长的学科领导力和课程领导力

018　校长领导力是做人的艺术，而不是做事的艺术

022　校长至少要做一天"书呆子"

024　以人为本还是以人才为本？

028　有了好校长，才会有好老师？

032　老师"不思进取"的原因可能在于校长

035　判断一所学校下滑或上升的九个观察点

Contents

第二辑　好的学校管理，为师生成长赋能

045　什么是适合的教育？

048　学校应让学生自由栖息

051　学校管理还要知道不该做什么

054　学校教育不能只提理念与口号

056　教育工作要学会做加减法

060　教育，不能总想成典范，出样本

064　课堂教学不能成为"副业"

第三辑　好老师就是好学校

069　好老师，就是好学校

073　有感于择师比择校难

076　有时我们也是"差老师"

080　差生、差班与好老师

086　什么是教师的"核心素养"？

090　课不能上得太精致，太精致会成假课

095　做老师的五个关键词

100　老师不是演员

103　老师不是家长

106　怎样才能培养出苏轼这样的学生

Contents

第四辑　呼唤更多的好校长、好老师

113　唐江澎：网红校长的教育力量

118　孙先亮：终身教育的践行者

124　李金初：人生中心教育的创建者

129　李镇西：立体而纯粹的教育者

135　李迅：金牌校长的成长之路

150　徐寅倩：做立己达人的本色校长

158　郑英：灵魂有趣，教育才有趣

第一辑

好的校长，关乎学校的格局

好校长还需要这四项修炼

好校长有标准吗？怎样才能成为一个好校长？好校长是一个相对的概念，不同的时代、社会都有不同的要求。甚至，同一时期，因区域文化的差异，对这一问题的理解，也会出现差异。其实，好校长的官方标准早就放在那儿了，各级教育部门与有关部门都先后制定、并正在实施评选"好校长"的考核指标。这些年来，对待同一个事物，概念经常会变，从"优秀校长""卓越校长""教育家型校长"到"教育家"，说法不同，但实质一样。怎样才能被称为是一个"好校长"？除了政策文件规定的要求之外，我认为必须强调四点素质要求。

一、好校长首先必须是一个好老师

教育的内涵发展和高质量发展成为新时代教育改革发展的主旋律，那种以外部增长为主的方式，早已被取代。曾经有一段时间，校长的主要工作放在筹措办学经费、解决学校与外部等关系上。现在，质量问题是学校发展中校长所面临的最大问题。质量不只是指学生考试的分数，而是一个更全面的质量概念。学校的内部管理也从依靠制度管理，走向价值引领的文化管理的新境界。校长仅仅依靠行政管理，采用行政手段，已经驾驭不了学校在更高层次上的发展，因此这就要求校长是真正的内行、教育专家，需要特别具备课程、课堂、学科的领导力。

因此，当下要成为一名好校长，一定首先要成为一名好老师。一个由好老师成长为好校长的学校一般都能成为好学校。比如，李迅是一个优秀的数学老师，在数学教学颇有建树，31岁就成为福建省最年轻的数学特级老师，后来担任了福州一中校长。他继承传统，使得学校在科学、人文诸多方面在国内处于领先水平。又比如，江苏省锡山高级中学校长唐江澎就是一位卓越的语文老师，他曾是语文苏教版教材的主要编写者之一，他担任锡山高级中学校长后，学校的课程改革成为国内的先进典型，学校教育的实践与理念丰富多彩。

二、好校长应该具有勇于担当的精神

"担当"是一个内涵广泛的概念，中小学校长的担当，当指对学校的担当、对师生的担当。作为校长，对学校负责、对师生负责，是题中之义，本不需要再突出强调，可现实中，能不折不扣负起这个责任的校长还是少数。一个不把学校的根本利益、师生的根本利益放第一位的校长，无论其他方面有多出色，都离好校长相差甚远。

比如，当下中小学都在开展课后延时服务，要做好这项工作，不能仅仅只是按照文件要求来做。要实事求是，要因地制宜，要分类指导，要校本化。既要服务好学生，让家长放心满意，也要保障教师的基本利益。毕竟，教师也有家庭，也有读书的孩子，也有年老的父母，在这种情况下，校长就应该站出来，以保障教师权益的底线思维，通过经济报酬、职称评聘加分等方式对教师群体进行实质性补偿，以实现教师的实际损失与收益的平衡，从工作、生活、心理等方面给予教师更多的人文关爱。

三、好校长必须放低身段、淡化领导意识

校长不是官，校长不能把它当"官"做。官员做派，是与好校长格格不入的。校长可以成为"首席教师"，以自己的学识地位，赢得师生发自内心的尊重。校长应该放下自己的架子，放下身段，与老师和学生对话，不要一言堂，不能时时以领导者自居。

我曾遇到过这样的校长，有能力，也有进取心，工作也有成效，可是就是喜欢为人师，动辄给部下"指导指导"，动辄要帮助别人"成长成长"。教师大会，总是他一个人在讲，一讲两三个小时，要老师认真记笔记。自己写了文章，发在公众号，每篇都要中层以上干部转发，

学校还安排专人检查、考评。校长主政，一定要有平等意识，要让老师多说话，自己多倾听。无论自己如何有本领，如何有名声，做不到这一点，离好校长就仍有距离。

四、好校长要有情怀、情趣与个性爱好

校长纯粹，学校才有可能纯粹。校长是学校的灵魂人物，假如校长没有情怀，学校将会多么功利与苍白？没有情怀的人，一定也不会有情趣。学校是充满阳光、笑声的地方。精神丰满、内心充盈的校长，一定能给师生带来更多的快乐，乃至幸福。

作为一个好校长，还应该兴趣广泛，个性鲜明，至少有一两项特长，显示魅力。健康的情趣、爱好，是一种价值的取向，具有辐射示范效应。从某种意义上说，校长就是一所学校的"火车头"，是师生眼中的标杆，校长的兴趣爱好会在潜移默化中影响着学校的每一个师生。比如，有的校长喜欢读书，有的校长爱好书法，这就会间接影响到师生，从而影响到学校的校风和教风。所以，校长应充分发挥榜样作用，以高雅的爱好来带动学校进步。

什么样的校长才是好校长？这个问题很有意义，尽管仁者见仁、智者见智，但经过讨论一定能在较大范围、更高程度上形成共识，促进更多校长能自觉地做一名好校长，如此这般，功莫大焉。

校长的三重境界

校长的重要性，人所皆知。一所学校遇到好校长，是这所学校的幸运。遇到了不好的校长，是学校的灾难。一个校长在某所学校干得不好，教育部门会把他换到更弱的学校作为惩罚。对于这种做法我常想不通，更弱的学校，应该派更强的校长去，改善面貌，为何派更弱的去？好学校都被他干差了，更弱的学校他去了会如何？有没有考虑师生的感受？相反，一个校长在一所学校干好了，教育部门赞赏他，往往会把他派到更好的学校去，这是对他的鼓励，也是放心，因为这样的学校在当地地位更重。但学校本来就好，为何还要派好校长去？

我曾经与一些校长朋友讨论过这个问题。有人说：假如我把这所学校带好了，师资队伍上去了，管理水平上去了，教育教学质量上去了，却把我调到差的学校去，谁还会用力、用心做校长啊？此话初听很有道理，但再听似乎有了商榷的余地。

校长是什么？我们有没有深入地思考过这个问题？虽然汗牛充栋

的有关校长的书籍，说清楚了很多问题，但我想说，我们遇到的问题总是比书中的问题现实得多。校长是什么？不同的人理解一定不同，这关乎境界。

不妨扯远一点，禅宗有著名的三重境界说，即所谓的参禅之初，看山是山，看水是水；禅有悟时，看山不是山，看水不是水；禅中彻悟，看山仍是山，看水仍是水。即我们现在常说的，看山是山，看山不是山，看山还是山。那么，我们在校长的岗位上，应该怎样理解这三重境界的含义呢？

王国维也有一个做学问的三重境界说，他在《人间词话》中说："古今之成大事业、大学问者，必经过三种之境界：'昨夜西风凋碧树，独上高楼，望尽天涯路'此第一境也。'衣带渐宽终不悔，为伊消得人憔悴'此第二境也。'众里寻他千百度，蓦然回首，那人却在,灯火阑珊处'此第三境也。"那么，我们在如何做好校长这个问题上，又应该怎样理解这三重境界的内涵呢？

以禅宗的三重境界说来审视我们当下的校长，第一重境界，"看山是山，看水是水"，指的是人们初见事物的感受，校长来到校长的岗位上，还没有太多复杂的东西在其中，初识"学校"，眼睛看见什么，就是什么，看教学楼是楼，看操场是操场，学校一草一木一砖一石都是它们本身；看到班主任、教研组长、各部门主任等，也都是这些岗位本身。这也相当于王国维三重境界说中的第一境界："昨夜西风凋碧树，独上高楼，望尽天涯路。""我"上高楼，眺望所见的悠远风光山水，此时，心中有追求，瞰察路径，明确目标与方向。需要追问的是，初任校长的校长，是不是都具有这第一重境界？

禅宗的第二重境界，"看山不是山，看水不是水"，说的是，初识世界之后，开始有了思考，不再停留于表象，开始探寻事物背后更深层的东西。经过一段时间的校长工作以后，校园的一草一木一砖一石还是原来的一草一木一砖一石吗？显然不是了，校长看到了这些事物背后的历史、文化以及教育理念，看到了更多的具体人物背后的文化内涵。

这个阶段，是不是相当于王国维的第二境界："衣带渐宽终不悔，为伊消得人憔悴。"道出了追求路上的艰辛和无悔，这里的"伊"字，理解成所追求的理想和毕生从事的事业，亦无不可。我们的校长，到达这样的境界了吗？——用力做校长、用情做校长、用心做校长。做校长容易，但做一个好校长谈何容易？获得一个教育家培养对象的名额容易，但要名副其实并不容易。经过一番废寝忘食，孜孜以求，直至人瘦带宽也不后悔，容易吗？在学校经历得越多，对学校的认识就越复杂，社会的负面性折射到学校来，历史的模糊性、未来的不确定性，都有可能消磨校长的意志。这个时候，假如校长看山也感慨，看水也感慨，看学校的一切艰难、艰辛都叹息，怎么还能有学校的美好状态呢？

禅宗的第三重境界，"看山还是山，看水还是水"，是了悟。新的轮回之后的"看山是山，看水是水"，已经不是简单的重复，是"我"

不是"我","我"都在那里。有坚定的内心执守,教育是什么,教师是什么,学生是什么,管理是什么,学校是什么,都回到了本源。在校长岗位上做真教育,正如王国维的第三境界:"众里寻他千百度,蓦然回首,那人却在灯火阑珊处。"甘于寂寞,在最高境界的深处坚守。我们有多少校长能如此坚持?不为功利所动,不为名利所动,不唯上、不畏权贵,真心实意为师生的生命成长专注、专研、专心。正所谓滚滚红尘任他翻滚,繁杂世俗一笑了之。人本是人,不必刻意去做,校长本是校长,不必刻意去追求。尝过酸甜苦辣咸之后,有所为有所不为,这才是达到了一定的境界。

校长既是职业,又不是职业——他是理想,他是未来他应该是一切美好事物的化身。校长的境界,不仅仅关乎自己,更关乎他人;不仅仅关乎师生学校,更关乎社会,关乎风尚。对有境界的校长来说,不管是去优质学校,还是去薄弱学校,去优质学校有责任更优,去薄弱学校有责任改变。这样的校长才是真正意义上的校长,这样的校长才是教育家校长。

不能做只会写文章的名师校长

有一所名校邀请了一位名师去讲学。名师说，要在学校站住脚靠拿分，即考试能得高分；要在本市出名靠拿课，即在评课、赛课中获奖；要在全省出名则要靠写文章（大意是这样）。

名师说的是真话，心里话，也是实在话。一个只会上课的老师，即使教学效果好，深谙教书育人之道，假如没有评优课、大赛课进一步提升、显示自己，他们仍然走不出学校，甚至评职称都没有优势。这样的老师我遇到过很多，学生欢迎、家长欢迎，学校的教育教学质量、效益都靠他们，但是评优评先很难解决。因为评优评先都是有指标的，每年一个学校市级先进的指标只有一两个，规模大的学校也至多三四个，几百个教职员工僧多粥少。所以，一旦能在市里评优课中获奖，教师名声大了，为学校获得了美誉，自然有可能评上当年的市级先进。即使这个老师平时教育教学效果平平，一旦公开课得了奖、有了名次，学校仍然会为他树典型，把各种机会优先给他。假如，这个老师还会写文章，即善于总结、提炼，为"科研型"老师，能不时在报刊上发表文章，特别是能在教育的核心期刊上发表，就有可能评特级老师、正高级教师。假如还能说、还能讲，不时被邀请出去作报告的话，名声远播，则很容易成为名师。

这三部曲在现实中，前者不是后者的必要条件。教师可以跨越式发展，或腾空发展。有些教师是公开课、评优课专业户，会表演、会呈现，但是平时上课并不精彩，或者并不是得分选手。还有些老师，平时上不好课，公开课、评优课同样也上不好，可是是写文章的高手，能说会道，善于总结，这样的老师常常是"墙内开花，墙外香"。内部不认可，外部认可，也会是名师。

当下，许多名教师、名校长，甚至有一些教育名家都属于后者，写得越多名声越大，是学校里的"写作专业户"。但他的写作与他的实际教学、教书育人是没有关系的，或者说是没有大关系的。写与做脱节，说与做脱离。这样的老师，可以说他是教育理论家。教育理论家是需要写、需要表达和阐述的。一位老师，假如文笔很好，可是理论平平，也说不出什么教育的新道理、新主张，可以称之为教育作家。教育理论家、教育作家与名师、名校长还是有所区别的，不能混淆。

前几年，我被邀请参加福建首批中小学正高级教师评审，规定要外省人士担任组长，我因而荣幸地担任了文科组长。我所在的小组不乏大师、知名专家。在有关评审前的标准、原则通气会上，一位高校专家对中小学老师的论文提出批评。他说得虽然尖刻，站在了高校的水准上看中小学，有偏颇，但至少他的观点还是符合现实的。于是大家一致同意在评审中首先要注重实际、注重实绩，让那些做得好的老师、教得好的老师脱颖而出。

课题成果是好东西。省、市、学校都需要，教师有课题成果会被重视、期待、赞赏，标志着高度。所以，会写文章的老师，在学校不吃亏，有一定的生存空间与市场，容易成为名师，但是，他们不是真正的名师，同理，名校长也一样，只说不会做，只是说的、写的是无法实现或不能实践的东西，是无用的东西，没有价值，这样的名校长也是伪名校长。

当下，我们的中小学需要的是实实在在的老师、校长，需要实实在在的名师、名校长，需要实实在在的人，做好学校的各项工作。名不名真的不重要，重要的是灵不灵。老师、校长与学校，都要表里如一，名实相符，老师上好每一堂课，校长管理好学校的每一个环节、每一个细节，才最关键。至于会不会、要不要写文章，对中小学来说，要，但是是次要的。

校长的学科领导力和课程领导力

教育发展到今天，内涵发展成为学校发展的主要方向。在学校建设、外部条件改善以后，校长的工作重点是什么？我一直认为校长与学校的关系有三种：一是领导学校，二是管理学校，三是经营学校。这三者，无所谓境界高下。每一个学校有其不同的文化背景、发展特点；每一个校长也有他自身的个性特征和教育理念，采取何种方式来开展工作，自有其道理。尽管如是，校长的学科领导力和课程领导力，却是不容回避的。泛泛地提倡理念，或者泛泛地管理，都是不得要领的。

校长要提升学科领导力和课程领导力，首先要有学科建设和课程建设的理想。学校发展目标，要包含学科发展与课程发展目标。而一些品牌学校，有着悠久的历史，学校学科发展的历史和课程发展的历史，应占有最重要的位置。面向未来，实现自己的学科与课程理想，要从优秀的传统中汲取养料，校长要在这个方面下大功夫，忽视传统和历史，是走不远的。

注重学科研究，不能窄化和异化。高中学校，如果仅仅研究高考，是不够的。即便是研究高考，仅仅研究如何获取高分，也是不够的。我们要研究高考的高分，更要研究获取高分的过程：这个过程是否道德？是否美妙？是否可持续？

学科发展是与教师的专业发展紧密相联的。对教师仅仅强调"教学认真"是不够的，那只是基本素质层面的要求，是最起码的"底线"。仅仅把做课本练习题和高考题作为"提升学科能力"的最重要的途径，那更是不够的。教师的专业发展过程，就是教师的"生命成长"过程，要把它放到更高更宽的背景中去。正如古人所说的：取乎其上，得乎其中；取乎其中，得乎其下；取乎其下，则无所得矣。如果仅仅把"教学认真"和提高学生做高考题的能力，作为教师的发展方向和目标，可能会令学科研究停滞不前甚至走入误区，这样的方向与目标，也不能准确、真实地反映教师的岗位追求、专业追求、职业追求，乃至事业追求。

我们学校正在践行"诗性教育"，与此相应，我校的语文学科也正致力于"诗性课堂"的构建。基于语文教学的终极目标是要提高学生的语文素养这一认识，我们一直努力在语文"审美性"上下功夫，并重点在语文教学的"阅读"与"写作"这两个领域做研究。国家中文核心期刊《中学语文教学参考》得悉后，开设专栏探讨"诗性语文的理念、模式及实践"，连续三期刊登我校十位语文老师探讨"诗性语文""审美课堂"的专题论文。学科建设更是与教师的专业发展紧密相联。校长的学科建设领导力，是推动教师专业成长的动力。利用校长的学科背景，加快相应学科的建设，并以此为突破口带动学校其他学科的建设，这才真正体现了校长的教育信念的价值引领作用。

课程领导力，更是校长领导力中的最核心能力。因为人才培养目标的实现，需要相应的课程体系作支撑和保障。而国家课程只提供了基本课程，需要有校本课程来丰富它。纵观世界名校，都有自己的校本课程体系，以此呈现各自的办学特色。如英国伊顿公学，学校要求每一个学生除完成国家课程之外，还要选修校本课程。国家课程与校本课程各占"半壁江山"。正是通过对校本课程的学习，伊顿的学生具备了比其他一般学校学生更优异的能力与素质。近年来，我们学校也一直在努力构建人文与科学两大校本课程体系，并相应编写与出版了三十多种校本教材，但这仅仅是起步。

学科与课程引领是一个学校发展的关键因素，也是校长的职责所在。如何提高校长的学科领导力与课程领导力，需要政策上、舆论上、工作上的引领。在具体的实施过程中，学校管理与企业管理是不一样的，企业的行政管理、行政手段对学校管理来说，有其成效性，但也有许多局限性。在日常的教育教学生活中，校长与教师更多的应是一种"同伴"关系。校长要根据自己的学科背景，在教改、课改中主动"下水"，如"下水上课""下水评课""下水研课""下水开设校本课程""下水开发校本教材"，坚持与教师在教学、学术、科研上相平等，共同进步。

教育发展到今天，校长更要有文化自觉的思想和态度：各美其美与美人之美。每一所学校都有自己的优势和弱势，相互借鉴学习，比关门封闭、拒人千里之外要有成效得多。教育已进入高原期，高原上不再是孤峰耸立，而是呈现了群峰并起、层峦叠嶂的壮观景象。在学科建设、课程开发上，学校"联合体"到了呼之欲出的时候。学校之间如果不联合起来，只凭各自单打独斗，优质资源得不到有效利用，学校的个体优势也会逐渐丧失。

校长领导力是做人的艺术，而不是做事的艺术

有一家有影响的媒体，正准备搞一个活动，聚焦于学校"文学氛围的打造和学生文学素养的提升"，给我出了一个题目：《可复制的校长领导力》，意思是说：校长要做正事、实事，要通过发挥自己应有的领导力，营造文学氛围与提升学生的文学素养。学校的文化氛围，应该包含着文学氛围，没有文学氛围的文化氛围是不可理喻的。可这样的状况在有些地方、有些学校，并不少见。文学氛围与师生的文学素养有直接联系，缺少文学氛围的校园，很难提升师生的文学素养。我在这里提到"师生"，想强调的是：一个学校教师的文学素养十分重要。作为教师，尽管不是学文学的，也不是教文学的，但文学素养应该是必备的。如果只有文学教师有文学素养，学校的文学氛围就很难形成。氛围就是气息，就是人浸润其中生存、发展的气息。如果教师缺少文学素养，很难相信学生的文学素养会有多高。校长在学校有很大的影

响力，或积极、或消极。校长不论是不是文学教师出身，对学校文学氛围的营造，关键在于他对此的认识，也就是他的教育、理念和教育主张。此项活动，显得很有必要，我很乐意参与讨论。

活动的主办方希望有一所学校、有一个校长，无论是从思想、理念，还是经验、做法上，已经形成了一个可以推广的"模型"，可以让大家"抄作业"，用意很好。这叫"点"上形成的经验，到"面"上去普及，多快好省，值得肯定。建立这样的模型，校长如何起作用？依靠什么起作用？校长手中掌握着强大的行政权力，可以靠行政命令、措施、手段来推行。可"氛围""气息""素养""素质"这样的东西，靠权力去强推、硬推，结果一定不会如人意。学校缺少文化氛围，包括文学氛围，学生文学素养不够，是校长所希望的吗？可以说，主观上所有的校长都不希望这样，然而，现实中存在很大问题。深究下去还是校长的责任，是校长仅仅只用行政手段导致的结果。

什么叫领导力？在自己的管辖范围内，利用自己可以调配、使用的条件、资源，带动自己的团队，多快好省地实现工作目标、办好事办多事的能力。什么是校长的领导力？即校长在自己学校范围内的影响力。依靠制度化强制性的管理，受到越来越多的挑战。仅以此方式发挥领导力，其影响力会越来越差。权力的影响力，在学校这样的教育场所，作用极其有限。校长持续的、长久的影响力，应该在非权力的那一部分。有人认为非权力影响力主要体现在"互惠、一致、认同、喜好、专家、短缺"这些方面，我甚为认同。要营造学校的文学氛围，至少校长也要有一定的文学喜好，一点也不喜好，处处被动、时时被动，怎么会发挥积极的、饱满的影响力呢？所谓"喜好原理"表达的是：人们总是比较愿意答应自己认识和喜爱的人提出的要求。

校长领导力，是一个学术问题，也是一个实际问题，涉及的领域和要素很多。我认为主要体现在课程领导力与学科影响力这两方面。所谓课程领导力，我的理解很简单，即带领教师团队落实国家课程与开发校本特色课程的能力。所谓学科影响力，是指校长在自己本专业的学科教学上，有一定的专攻和特长。现在，有的中小学校长唯有行政权力，缺乏领导力，只是竭尽全力用好外界赋予的权力，如此学校如何能真正在内涵上发展呢？

当下中小学面临着建立领导力的课题，如何建立？需要榜样，需要学习。建立模型，是一个途径。但不能绝对，校长领导力是校长自身所渗透出的气质，只有自身加强修养，自身注重修炼，方能焕发出魅力。校长自身所渗透出的气质，是共性中的鲜明个性。非权力影响力中还有一条"短缺原理"：当一样东西很稀少，或正在变得很稀少时，人们会认为它的价值很高或正在变得更高。当下，人文情怀，包括文学素养，在校长队伍中变得越来越稀缺时，其价值也会变得越来越高。校长领导力能复制吗？要看是从什么角度谈这个问题。

其实，我本人不喜欢用"校长领导力"这个概念，或者这个词。因为我总认为校长与教师是平等的，本质上不存在领导与被领导的关系，可能我的观点也有偏差。当我在准备这一关于校长领导力的命题演讲时，我也有了很多新的感悟。在我看来，领导力是怎样做人的艺术，而不是怎样做事的艺术。最后决定领导力高下的，是个人的品质和个性，尤其在学校，尤其是校长。对此，我深信不疑。

校长至少要做一天"书呆子"

今天是世界读书日。网上都在谈读书,似乎唯有这一天读书是最重要的。这个当口,教育部有关部门也公布了《中小学生阅读指导目录》,我也下载收藏。但读了叶圣陶关于读书的文章,我赞成叶老的观点,让师生多一点自由阅读。而书目或许在某些地方某些学校某些时候,会限制师生的阅读视野。

总体上不赞成搞书目,这只是我的一时的认识。往深里思考,现在有一个基本书目,也许是一件好事。本来有些校长、老师不思考,请他们拿出一个适合自己学校的书目,谈何容易?有一个现成的东西,可以使用,不需要自己思辨、思考,依样画葫芦,总会有一只葫芦画出来。我在微信朋友圈里看到许多读书的校长、老师都在点赞,可见有现实意义。

一个文明的社会应当是一个读书的社会。一所读书的学校才是一所真学校。现在有些学校不怎么重视读书,却是事实。考什么教什么,只是刷题训练。提倡校园读书，看似是笑话，又是不得不面对、需要迫切解决的问题。对有些不读书的校长，还真要有书目，因为他们从不读书，不知道如何读书，也没有真正去过图书馆，或者在图书馆坐下来认真读一天书。今天是世界读书日，校长你至少要翻一本书，你翻了吗？至少要做一天书呆子，你做了吗？

以前一直觉得书呆子是贬义词。矫枉过正，现在似乎书呆子又太少了。我还建议校长能够拿出自己学校的有特色的"书目"，能够向老师、家长、同学推荐书目，有自己的见解，哪些书是必读，哪些书是选读，还要有"内容提要"，能够简要地介绍这些书，评价这些书，特别是对同类书能做比较，分得出优劣。

校长多读书，做一个精神明亮的人。还要用好书，头顶有一盏理性的明灯，做什么事都靠谱。

世界读书日设立的目的是推动更多的人去阅读和写作，这是人飞翔的一对翅膀。读书，是感恩、是感谢、是感激。感恩、感谢、感激那些为文学、科学、文化、思想作出贡献的大师们，是他们给了我们文明。写作，是表达，同样表达对那些文学、科学、文化、思想的大师们的感恩、感谢、感激之情，是他们给了我们文明。

以人为本还是以人才为本？

"人"与"人才"，这两个词是高贵的、神圣的。可这两个词又是不能随便进行发问的，能问人：你是人吗？能问人：你是人才吗？前者有侮辱别人的意思，意思是说人家不是人；后者有讥嘲的意思，意思是说人家不是人才。

前两天，居万峰校长在我微信公众号一文后留言，他说：当代的教育是"以人为本"还是"以人才为本"？这个问题还要问吗？但认真思索，还真该问。多一字与少一字，意思差远了。现在几乎每个学校，都把"以人为本"作为办学理念。可实际情况是这样吗？很多学校的办学实际是"以人才为本"，而且是误读了的"以人才为本"。

以人才为本，只会让我们看到一部分人，看到一部分学生、一部分老师。对于学生，我们的眼睛会更多地瞄准好学生、尖子生，而疏忽了大多数，或者放弃了那部分落后的学生。对于老师，我们会专注于老师的"专业发展"，而忽略了他们的生命成长。老师的生命成长应该是贯彻于生命全过程的，是一个终生发展的概念，包括退休离开学校、离开课堂之后的那段生命过程。可是现在有多少学校，在认真思考老师退休之后的发展？在教师专业发展的理念与实践中，有多少是包含这部分内容的？

我们常说要培养人才，而且前面要挂上"创新型"几个字，表明我们培养出来的人才有创新精神、创新意识、创新能力、创新品质、创新素质。咬文嚼字，在这里，"人"与"人才"是不是能互通？"有创新精神、创新意识、创新能力、创新品质、创新素质的人才"与"有创新精神、创新意识、创新能力、创新品质、创新素质的人"是不是一个意思？有区别吗？

再继续咬文嚼字。我们辨别一下"人"与"人才"这两个词意义上的差别。"人"，是什么？很难说清楚。一般认为：人，可以从生物、精神与文化等各个层面来定义，或是这些层面定义的结合。用一句通俗的话来解释，人是有灵魂有肉身的生物。"人"生下来还不是完全、完整的人，是教育才让人成为人。

那么，"人才"又是什么意思呢？晋朝葛洪《抱朴子·逸民》曰："褒贤贵德，乐育人才。"宋朝王安石《上仁宗皇帝言事书》曰："则天下之人才，不胜用矣。"这里的"人才"，都是指有才能的人。我再查现代辞书上是怎么解释的？解释说："人才，是指具有一定的专业知识或专门技能，进行创造性劳动并对社会作出贡献的人，是人力资源中能力和素质较高的劳动者。"怎样把人培养成人才？是教育的责任。

"人"与"人才"可不可以看成是一个统一的概念？如今在学校里统一了吗？培养成"人"与培养成"人才"应该是不矛盾的。作为"人才"首先是要成"人"，成为一个个具体的"人"，成为具有"高贵的灵魂"的人。什么是高贵的灵魂？不同的时代、不同的社会理解不一样。

爱因斯坦有一篇《论教育》，他说：

> 用专业知识教育人是不够的。通过专业教育，他可以成为一种有用的机器，但是不能成为一个和谐发展的人。要使学生对价值有所理解并且产生热烈的感情，那是最基本的。他必须获得对美和道德上的善有鲜明的辨别力。否则，他——连同他的专业知识——就更像一只受过很好训练的狗，而不像一个和谐发展的人。

现在，很多学校走入误区，把"人"的教育与"人才"的培养割裂开来，以为"人才"培养高于"人"的培养。在所谓的"人才培养"中，恰恰如爱因斯坦所说，只是用专业的知识教育学生。同样，在教师的专业发展中，也往往用专业知识提升教师。如此做法，不可避免的是"成为一种有用的机器，但是不能成为一个和谐发展的人"。

居万峰校长原来在重点高中做老师，是待在所谓"培养人才"的地方。现在到了新兴学校做校长，所在学校的生源多元复杂，学生基础也是多层次的。他面临的"教育"，是让每一个学生都能成为和谐发展的人。因而,他有了切身的体会,敏锐地提出了是"以人为本"还是"以人才为本"的问题。这个问题涉及教育的本质,涉及什么是做真教育,涉及办学思想端正与否。我们应在办学实践中解决这些重大问题。居校长说得好,他在实践中正确地处理二者关系,他说:"以人为本"着眼于教育目的;"以人才为本"着眼于教育的途径。因而,"以人才为本"应该理解为仅仅是"以人为本"的一个过程。为居校长点赞。

有了好校长，才会有好老师？

是先有好学校呢，还是先有好校长、好老师？这似乎是先有鸡还是先有蛋的问题，很难解答。那么，校长与教师又是什么关系？能不能说有了好校长，才会有好老师？

我们不妨回顾历史，位于白马湖畔的春晖中学，由著名教育家经亨颐创办。他又是第一任校长，在他任内，仅仅从1921年到1925年，先后聘请了夏丏尊、朱自清、丰子恺、朱光潜、匡互生、王任叔（巴人）、杨贤江、刘董宇等人做老师。这些人应该是名教师，也是好老师吧。除了在职的，兼职的、来讲过学、讲过课的，先后还有蔡元培、李叔同、何香凝、黄炎培、柳亚子、张闻天、俞平伯、吴觉农、蒋梦麟、于右任等。假如，不是经亨颐做校长，这么一个偏僻的乡村学校，会有这么多名教师、好老师来吗？

经亨颐是一个教育家，应该是一个好校长了。他办学广采博引，提倡人格教育，功勋卓著。他的人品、学识、魅力，吸引了这么多名人、大家来做老师。经亨颐本身是一个名人，名人吸引名人；经亨颐是一个好校长，好校长吸引了一批好老师。比如，夏丏尊曾在杭州浙江省两级师范学堂任教，是鲁迅、许寿裳的同事。在语文教学上，夏丏尊提倡白话文，是中国最早提倡语文教学革新的人。在白马湖畔这个宽松的教育环境中，他翻译了《爱的教育》。又如，丰子恺，著名的画家、美术教育家、音乐教育家，他在春晖中学教书育人，又把李叔同，即后来的弘一法师邀请来，其影响至今仍有余韵。李叔同的《送别》唱彻天南地北，经久不衰。还有朱自清、朱光潜等都是彪炳史册的人物。

"春晖现象"会给我们什么启示？今天还有一所中学能聚集这么多名人、大家、好老师吗？我们今天的校长还能有这么大的魅力，吸引这么多名人、大家、好老师来就职吗？或者，这不仅仅是校长的原因。我们有些学校，学校很有名，因而校长也很有名，可是，学校教师却几乎都是默默无闻。校长在学校一枝独秀，一树成林。这样的名校长，能不能说是好校长？名校长与好校长的概念应该不是等同的。

与其名校长多一些，不如好校长多一些。一所学校可以没有名校长，但一定要有好校长。一所名校应该是一所好学校，有名而不大好，没有任何意义。名校长可能只顾自己发展，而忽视教师的发展。而一个好校长，一定是把教师的发展放在第一位，甚至以牺牲自己的发展而成就教师的发展。如经亨颐就不仅仅是一位名校长，更是一位好校长，他聘请的老师，名誉、地位、学术成就往往超过自己，他是好校长的榜样。

好校长是有气度的校长，视野开阔，胸怀宽广，容得下比自己高明、有本事、有成就的老师，面对荣誉、利益不会先想到自己。好校长是有气场的校长，自身有特点、有魅力、有力量，能吸引人。好校长是有文化的校长，有的人有知识，但是没有文化。不拘泥于小事、琐事，能注重学校文化建设，不看重权力，不依靠行政手段管理学校，而是依靠文化管理与价值引领师生发展。

好学校，一定要有好校长，但是也可以一时没有好校长。好学校一旦创建、形成，自有一股文化的力量，形成"定势"，继续向前运转一阵子，只是时间不会长久。但有一条是肯定的，没有好校长，好学校是创建不成的，创建好学校一定要有好校长。比如春晖中学的经亨颐，比如南开中学的张伯苓。

那么，校长与老师又是一种什么关系呢？我以为，真正的好老师无论在什么环境中都是好老师，无关乎谁当校长。但也不可否认，有什么样的校长，就容易带出什么样的教师队伍。校长的起点高、境界高，有利于好老师的产生，好老师队伍的形成，也是不争的事实。

因此，衡量一所学校，最主要的是衡量学校的教师队伍的状况。又到了中小学"择校季"，"好学校"僧多粥少，需求量太大，家长都想去，如何是好？我认为家长不要只盯着学校，而是要盯住老师。与其"择校"，不如"择师"。好学校也不是所有老师都是好老师，普通学校也有很多的好老师。好老师与名教师并不等同，普通学校教师不容易出名，但不等于不是好老师。同样，普通学校的校长不出名，但不等于不是好校长，他们有些默默无闻，专注干实事，这样更可贵，对师生发展，有百利而无一害。

老师"不思进取"的原因可能在于校长

做老师要做成一个好老师,才不愧对教师这个职业。这个职业不同于其他职业,是守护孩子灵魂的职业。

最近,原清华附中校长王殿军在《中国教师报》发表文章《为何有些教师一辈子都没有明显进步?》,被不少媒体转载,产生了较大的影响。做老师一辈子没有进步,显然不是好老师了,这说明了一个道理:好老师是不分年龄的,有的年轻老师是好老师,有的老教师不是好老师。由此我们不妨拓展思考:有些职称高的老师不一定是真正的好老师,职称受诸多因素影响,不足以真实、全面地反映教师素质、能力、态度等情况。有时职称低的老师反而是好老师,不过这只是相对而言。

现实确实是这样,不少学校中青年老师挑大梁,尤其很多新开办的学校的青年老师就挑起了大梁。有些老师,很年轻,工作年限不长,但进步很快,这一群人会让学校呈现朝阳般欣欣向荣的状态。相反,有些有历史的学校中老教师多,但有些老教师一辈子进步不大,又摆老资格，暮气沉沉，这群人在学校相当于"乌云"，遮住了阳光，这个"阳光"就是学校生气勃勃的精神面貌。

怎么会出现这种情况呢？这是什么原因？王殿军校长认为，除了有自身起点、个人潜质方面的原因，更重要的原因在于是否善于反思。教师的职业性质和特点决定了教师更应该懂得反思、善于反思。王校长一针见血，进而指出：教师应该从特定的方面做反思，并指出了反思型教师应具备的特点。他的观点十分有道理，我这里不再赘述。我只是要追问：这些做了一辈子老师的人，为何会出现这种情况？

王校长善于观察、归纳、总结，认为不善于反思的教师一般有三种：第一种是自以为是、骄傲自大的人；第二种是对自我要求较低，不求上进，没有远大理想，高呼"及格万岁"的人；第三种是认知水平不够高，不懂得该如何反思，总是跳不出自己的逻辑，看上去很努力，却总是找不准努力的方向的人。我以为除了教师管理的机制、体制的弊端之外，校长是一个重要因素。校长自身工作不到位，或者说校长本身不是一个反思型校长，他不懂职业特点决定校长首先要反思，并要带领教师反思。

假如一所学校，遇到了一个不善于反思的校长，那这所学校往往自以为是，凭经验管理、做事，或者机械地完全按照上级指示布置工作，没有活力，缺乏创新精神。

还有一种校长比较"自私"，只顾自己，不顾别人，只扫自己门前雪。尽管自己可能是一个反思型的老师，可是他对其他老师没有这方面的要求，也不提醒，反思不反思一个样。这种校长没有建立起学校的"反思性文化"，老师不善于反思，包括老教师、青年教师。校长代表学校，学校没有这个规定，有些人"偷懒"不做，是理所当然的了。

如何做一个反思型校长，可以参照王校长建议老师如何反思的做法：对照教育方针找差距；对照教育名师找不足；对照教学目标找问题。只要稍许修改一下：第一条不变，第二条把"名师"改成"名校长"，第三条把"教学目标"改成"学校工作目标与规划"，即可。

所以，一个老师遇到一个好校长是何等的重要，有了好校长，就有了好榜样，否则一些老师往往就会失去方向、失去目标、失去动力，得过且过。

判断一所学校下滑或上升的九个观察点

一所好学校，或者说品牌学校，之所以成功，是不可能一蹴而就的，而是有一个过程。反之，一所好学校，或者说品牌学校的下滑、衰退，过程却短得多，不到三五年，可能就会面目全非。

这不奇怪，此消彼长。对整个区域来说，问题不大，但对某个具体学校来说，却是涉及生存的问题。

如何判断一所学校的下滑与上升？特别是对学校下滑情况的预防与及早诊断，事关重大。我以为有三个维度，九个观察点。

维度一
看校长：校长在哪里？

观察点一：校长，人在哪里？

校长人在哪里？身影在哪里？这还要问吗？要问。比如，校内与校外，在哪里？校内时间多，还是非校内时间多？老师早晨七点到学校，校长八点之后到学校；老师要晚自修，周六上课，校长却在这个时间段，从不见人影，长此以往，会怎么样？

又如，圈内与圈外，指教育圈与非教育圈，校长接触圈内同行少，接触社会各界人士多，长此以往，会怎么样？

又如，办公室与课堂，校长在学校的时间，总是在自己的办公室，等别人来汇报，召见部下下达指示、任务，却从不去课堂等教育教学现场，去也只是偶然，长此以往，会怎么样？

又如，会场与餐厅，参加会议多，自己召集会议多，工作时间在会场多，而业余时间，又是应酬多，长此以往，又会怎么样？我所遇见的品牌学校，就有这样的校长。

观察点二：校长，关注点在哪里？

校长是一个学校的主心骨，校长重视什么，什么就能做好，反之，校长轻视什么，什么肯定做不好。比如，对学校传统的态度，是清零、排斥；或表面肯定，实际否定；或抽象肯定，具体否定。如此这般，学校会怎么样？

又如，学校的办学理念，仅仅是口号，是挂在墙上的装饰，而实际做的根本是两回事，课堂看不到落实，校园也看不到落实，如此这般，学校会怎么样？

又如，校长重用什么样的人？是些能说会道、能迎合领导、能做表面文章、能报喜不报忧、能对上奉承对下欺压的人吗？如此这般，学校会怎么样？校长的境界，就是学校的境界。创新点有吗？有的话又在哪里？威信与威望树立在哪里？是否有高贵的灵魂、纯粹的灵魂、有趣的灵魂？假如没有，学校遇到如此这般的人主政，会怎么样？

观察点三：校长实绩在哪里？

办学实绩，是学校实力的表现，学校的品牌含量是需要用实力、实绩说话的。学校在区域内的地位如何？是上升还是下降？比如，教育质量，在各项有比较的考试中，排位有没有提升？

我始终认为素质教育包含对升学率的思考与追求，我们只是反对片面追求升学率，把升学率作为唯一的追求目标。升学率、考试的成绩逐年下降的学校，尽管其他方面仍有优势，也一定不会再被社会认可，一个不被群众认可的学校，还会是一所好学校、品牌学校吗？

又如，学校的办学特色，包括学科特色、创新能力培养等，是点缀，还是整体实力的呈现？学生受益率有多少？是少数，还是全员？校长在学科引领、课程开发上，发挥引领作用了吗，还是没有任何影响？假如校长的"领导"，还没有深入到这些实质性领域，假如与过去相比，每况愈下，学校又会怎么样？

维度二
看老师：生命状态怎么样？

观察点四：老师的工作状态如何？

教师的精神面貌，不是一个抽象的概念，是实在的、具体的形象。看老师的工作状态，主要看他们处在一种什么样的管理状态之中，是被动地接受管理，还是自觉地投入教育教学之中？

比如，看上课的细节。预备铃响，老师已经站立在教室门口了，这样的老师比例有多少？又比如，批改作业，精批有多少？面批有多少？又比如，任何学科、任何老师，在任何班级，能否叫得出学生名字？比例有多少？又比如，特别是班主任，能否用两三句话，就能准确说出一个学生的优点、缺点与特点，以及掌握每一个学生的家庭情况、家庭教育情况？

虽然这些都是小事，但假如这些类似的教育教学上的"小事"，都能做得精益求精，且绝大多数老师都是如此，学校将会如何？

观察点五：老师的专业状态如何？

教师仅有工作态度，是不够的，这是底线要求。学校达成大大小小的教育教学目标，是需要依靠老师的专业能力来支撑的。专业水平包括专业精神、专业能力等素养。

怎么观察？听老师说是一方面，关键是看他们怎么做。我认为主要看课堂：比如，去听课，可以由学校推荐，让老师有准备，这样的老师上的课，可能就是学校课堂的"天花板"了，也就是代表学校的最高水平。假如这样的老师有准备地上课，还达不到优良等级，达不到好课标准，说明这所学校的课堂是存在问题的。

特别是学校面临重大检查、督导、评估还是如此，更是表明教师的专业发展存在相当大的问题。又比如，参加学校的听评课，听完课之后，参加评课活动，认真听取每一个老师的发言，他们的表达，在不经意中已经透露了个体与整体的专业发展的状况。这样的活动可以让老师有准备，也可以无准备，所透露的信息价值是一样的。

观察点六：老师群体的生命状态如何？

老师的状态决定了学校日常的教育教学状态。教师群体状态比教师个体状态更重要。一所学校的教育教学质量水平，如果用木桶理论衡量，不是看最高的那一块木板，而是看最低的那一块木板。假如，一所学校有不称职的老师，有不合格的老师，很难说这所学校还是好学校、品牌学校。一个老师覆盖几十个学生，一旦几十个学生"受害"，其负面影响力不可低估。

如何观察教师群体的生命状态？比如，凝聚力在哪里？他们是聚焦在学校发展目标上，还是只关注个人的追求上？老师看重什么？风气如何？教师群体中的人际关系如何？是宽松、融洽、和谐，还是紧张、斤斤计较、勾心斗角？又比如，面对学生，老师关注什么？只是关注分数成绩，还是学生全面的人格成长？育人与育分又是如何达到平衡统一？教师群体是否有一个被普遍认同、认可的科学准确的教育价值观，这个价值观又是如何发挥着引领作用？

维度三
看学生：发展状态怎么样？

观察点七：学生的整体素质如何？

离开了学生，学校就没有存在的必要。所谓好学校，是拥有越来越多的优秀学生的学校。所谓品牌学校，是指培养了越来越好、越来越多的优秀人才，并经过社会、时代的考验的学校。

学校每年入学或者招生的"生源"质量，是下降还是上升？特别是中学，这个问题是客观存在，毋庸回避的，这是一个"入口"问题。还有一个"出口"问题：学生的学业进步率是多少？我们要用发展性评估标准，来衡量学校的教育质量，同类学生，在同类学校中，是不是发展快、发展好，往往是需要经过"高考""中考"检验的。只有经过"入口""出口"的考验，才能顺利通过"招生"与"中考""高考"关，两者紧密联系，相互依存——考得好，才能促进招得好；招得好，又能促进考得好，良性循环。在这两个节点上，出问题，或有失误，学校声誉会瞬间跌入万丈深渊。

观察点八：学生课堂上的身心状态如何？

学生的发展，主阵地在课堂。学生在课堂上的日常状态，就是他们最真实的生命成长状态。比如，课堂上学生的思维品质如何？有没有想象力？有没有知识迁移能力？课堂上学生的表达能力如何？思维的流畅性、完整性如何？课堂上有没有笑声，掌声，喝彩声？课堂是否民主、平等，是不是每一个孩子都有表达、展示、交流的机会？是不是每一个孩子都身心健康，充满阳光？自信心如何？活跃度怎样？

我以为观察孩子们在课堂的状态，有两个重点：一是习惯的养成，孩子们是否事事已经不需要提醒，成为内在的要求；二是原创性的呈现情形，孩子们能不能想别人所没能想的，说别人所意想不到的话，即创新、创造思维的培养与锻炼。

观察点九：不经意中表露的言行"细节"如何？

一所学校达到了什么境界？走进真实的校园之中，即能感受得到。精心准备的活动，是一个方面，而那些平常、日常的不加以准备的自然流露，更真实、更全面、更准确。

除了观察学生的课堂表现之外，还有更多的即时场合，更是很好的观察点。比如，学生在操场上的状态、舞台上的状态、食堂餐桌上的状态、寝室里的状态、卫生间的状态，乃至学生在老师办公室里的状态，都能看出学生的精神状态与审美趣味。又比如，学生的社团活动，是什么样的组织架构、管理方式、活动形式？社团活动可以考察学生的自我管理能力、自我教育能力，以及情感、态度、价值观。

　　上述三个维度，九个观察点，只是我个人的经验，希望能给大家抛砖引玉。

第二辑

好的学校管理，为师生成长赋能

什么是适合的教育？

适合的教育，是教育适合学生，还是学生适合学校？看似差别不大，其实，反映了两种不同的教育价值观。最近，我随中国教育报刊社翟博社长去广州南沙区，参加"教育品牌示范区"共建活动。南沙区以率先提出"适合的教育"而闻名。我随翟博社长、陈玉琨院长、吴颖民校长、夏青峰校长、张文峰校长等专家、学者实地参观了学校现场，对南沙区的"适合的教育"有了一个切身的感受。

什么叫"适合的教育"？区领导与我们一行进行了座谈。大家纷纷发表感想、看法。说是座谈会，其实是一个小型沙龙。大家畅所欲言，陈玉琨院长，原是中国教育部中学校长培训中心主任，是我的老师。他率先发言，提出了"学校适合学生"与"学生适合学校"的问题，直指问题的本质。当下都在提"优质教育"，人民群众对"优质教育"有着日益增长的强烈渴望。"优质教育"是一个泛泛的概念，什么是"优质的教育"？最适合学生的那种教育，即是"优质教育"，同时也是"公平教育"的要义。

什么叫"适合的教育"？我以为所谓"适合的教育"，是适应每一个学生的教育，即为每一个学生提供最适合他们生命成长与个性、学业发展的教育。为实现这一目的，需要学校提供给每一个学生最适合成长与发展的条件与机会。这里的关键词，是"每一个"，简单的一个词，需要我们作出多大的努力？

提出概念容易，做真正与概念一致的教育不容易。近几年提倡发展"学校特色"，这本身没有错。可是我们在实现的过程中，常常把发展某一门艺术教育或艺术教学，称为"学校特色"，仅仅做到这一点就能说是发展了学校特色吗？

这个学校是美术特色，或者画画，或者雕塑，或者书法；那个学校是音乐特色，或者声乐，或者乐器。或者把特色发展到其他领域，比如德育、体育、智育上，这个学校有健美操、足球、武术等特色；那个学校有阅读、奥数、社会实践等特色，就称之为学校特色。有没有道理？有道理。只是太肤浅了。它能够满足每一个学生的不同需求吗？假如，这个学生需要发展体育上的某个特长，偏偏自己所在的学校，又不以这个为特长，甚至还不具备基础条件，怎么办？现在的入学政策，特别是义务教育阶段的学校，不准择校，不是强制性发展学生的兴趣特长吗？在这样的前提下，去做"适合的教育"，是让学生适合学校，如削足适履。特色学校发展是有前提的，需要在学校全面发展的基础上，然后再在某些领域或项目上有很突出的成就，如西藏高原上的山峰。可是，现在许多地方的学校，本质上还是薄弱学校，为了快速见效，首先提升某一方面工作的成效，这只是低洼之处隆起小山丘而已。在这样的前提下，做"适合的教育"，有真正的意义吗？

对于什么是"适合的教育"，大家的理解会有不同。为每一个学生提供最适合他们发展的教育机会与条件，是应有之义。假如仅理解为"让每一个学生去适合学校的教育特色"，这是误解。

教育的概念现在太多。十多年前，《中国教育报》的"校长周刊"主编时晓玲，到我们苏州十中拜访，写了一篇《百年老校为何这样灵动》，这是中国教育报刊社记者写的第一篇有关十中的文章，提到了学校"百年的灵动"。这篇文章，为以后的"最中国的学校""诗性教育"定了"基调"。这次广州之行，也由时晓玲策划、组织。行程中闲聊，我们回顾过去，说到此事，感慨没有及时提炼出一个概念，比如"灵动的教育"，我们大笑。其实，没有提炼是好的，给学校理念的上升提供了空间。把实践上升到理想的理论高度，是需要时间的。

为广州市南沙区适时地提出"适合的教育"感到高兴，广州教育是一个高地，南沙是广州教育的亮点。他们从理论到实践的探索，为我们提供了经验，他们的"适合的教育"一定是真正意义上的优质教育，并且已经有了初步的成果。我们这次同行的校长中有来自北京中学、广州中学、北京中关村三小的，他们同样也是中国基础教育中的佼佼者，他们本质上做的也是"适合的教育"。广州之行，让我遇到了真教育，遇到了教育之美，是我的荣幸。

学校应让学生自由栖息

无论是从传统的文化中去寻找答案，还是在现代教育的理念中去寻找答案，学校教育都应该是一种放飞孩子们的教育。"放飞"两个字前，我没有用修饰语，那说明我所强调的"放飞"是全面的，包括身体、包括灵魂。除此之外，学生在学校还有什么意义？

校园是孩子们生命生长的"乐园"，这个"乐园"，不同的人有不同的希望和理解。有人希望它成为"游乐园"，提倡"愉快教育"，主张学生"乐学"；有人希望它成为"野生动物园"，提倡学生"主动学习"，主张学生"自主学习"；有人希望它成为"森林与河流"，提倡"诗性教育"，主张学生在学校"诗意地栖息"，等等。所有这些，都体现了当下教育人对教育的本质理解，都是对教育本质的坚守。

一个冷漠的校园，培养不出阳光快乐的孩子。校园重要的是气息，文化的气息、爱的气息、美的气息，这些都是教育的气息。校园是孩子们能畅想的地方，没有什么可以阻止他们思想的飞翔。每一堵墙、每一幢楼、每一间房、每一棵树、每一条路、每一块草坪、每一张凳子，都是孩子们可以停留、可以伫立沉思、可以停留之后又重新行走、可以张望、可以挥手致意的地方，那是他们自由的、美妙的、日常的生存生活的空间。

我常常为有些学校人为地束缚学生自由活动而遗憾、忧虑，乃至忧伤。学生的活动空间只是教室，至多到食堂，再到寝室。学生目之所及，都是标语，红底黑字，"提高一分，干掉千人"这样的誓言，挂满教室、挂满过道、挂满会场，挂满校园的每一个角落。在这样充满火药味、功利味的赤裸裸的"激励"下，天长日久，学生的心态会怎样？

某地有一所花了几亿元创办的新学校，全新的教学楼、全新的设备设施、全新的场地，学校很美。因为新办，所以只有几个班级，校园大，而人少。据说这所学校采取"军事化"管理，追求"统一行动"。出操排队，这是做得对的，进食堂排队，这也是对的，回宿舍排队，这也是对的。可是，进去排队，出来也排队，排了队即进教室，学生整天没有自由活动的时间和机会。一天要排十多次队伍，进进出出，全要排队。我能理解，学生入学教育，起步严格，规范到位，不错。可是，一个月下来是这样，两个月下来是这样，半年下来还是这样。这如何是好呢？师生一定会怨声载道。

老师说，开学不久，就有家长、学生提出要转学，老师领导苦口婆心劝他们留下，仍然没有用——怎么能有用呢？为何转学？怎么不反思自己？

前几天，我与某校的一位老师闲聊，他告诉我，全国某省一所升学率顶尖的学校，有一位考生读了大学后入职他们学校做老师。这位新入职的老师竟然很惊讶，这所中学居然有那么多的选修课？可是他上学的时候，只做了学习这一件事。告诉我的这位老师说，这个新老师性格孤僻，也只知道让学生做习题。

学生需要形式上的自由，更需要本质上的自由，需要身体上、行动上的自由，更需要精神上、灵魂上的自由。学校是孩子生命成长的地方，成长的环境很重要，成长的方式很重要，成长的过程很重要。每一个细节都很重要。我们学校的管理者切不能草率，切不能为了一己之业绩，而牺牲学生的根本利益。

我坚信，孩子们可以在校园里碍于领导者制定的所谓规章制度，身体一时被束缚住，但他们的灵魂无论如何是束缚不住的，他们会冲出每天周而复始的整齐队伍而放飞，在属于自己的蓝天上，用青春与梦想的翅膀翱翔。

学校管理还要知道不该做什么

教育人辛苦，每天做不完的事，白天做、晚上做、工作日做、双休日做、节假日做。我们做了许多，方方面面，校内的、校外的、德育的、智育的、体育的、美育的，大大小小，林林总总，总是做不完。

我们有没有想过，我们做了那么多，都是必要的吗？哪些是一定要做的？哪些是可以做的？哪些是不一定要做的？甚至，哪些是不应该做的、不能做的？哪些是做了要坏事的，是帮倒忙的？

我们的教育工作，现在是大胖子，需要瘦身。我们应该做应该做的事，剔除那些不该做的事，少做那些可做可不做的事。

现在的问题是：我们许多人，不知道，或者分辨不出，哪些是应该做的，哪些是不应该做的，哪些是可做可不做的。无是无非，多多益善，以为事情做得越多越好。

教育，关乎人的生命成长，一着不慎，会贻误孩子的终身。

教育需要纯粹。

现在，外加的东西实在太多，教育成了商品，一层层的包装，装饰性的元素太多。我买了一盒茶叶，有包装盒装着，拎在手里沉沉的。假如这盒茶是自己喝的，不需送人，可以把包装全拆了，而茶只有一小包，二三两，一点也不占地方。今天的学校教育，许多事情，已经沦为装饰性的工作，为了好看，为了便于销售，为了名誉，为了奖励，而常常忘了教育本身。

我们都说要减轻学生负担。学生要读的书多、要上的课多、要做的作业多、要参加的考试多、要参加的活动多，这个多一点，那个多一点，负担还能不多？学生的负担都是谁给的？老师给的，家长还会做加法。老师为何给学生负担？因为他们吃不准哪些是需要的，哪些是不需要的。也是由不得自己，领导给压力、家长给压力。但关键是老师内心缺少坚守。同样，校长、家长也是如此。

学生负担重，是老师多做了一些不应该做的事情。现在提倡要减轻老师的负担，老师的负担怎么减？老师工作八小时，到时间下班。不搞晚自修，双休日、节假日不加班，从工作时间上瘦身开始，没有时间、空间上的"肥身"的条件，或许是一个不错的选择，通过减轻老师的负担，也减轻学生的负担。但做得到吗？

老师只是教育工作这个体系上的一环，老师受到的制约很多，许多时候在一条流水线上被动地运转。需要整体行动，同步走、同步做，但做得到吗？

教育人辛苦，苦一点值得。可是辛苦了之后，发现是无用功，甚至南辕北辙。做得越多错得越多，这是怎么一回事呢？我们是不是该静下心来，好好想一想了。

学校教育不能只提理念与口号

我被某地聘为政府的教育督学,每隔一段时间,就会去参加当地的教育督导活动。几年不见,面貌一新。无论硬件、软件,都是如此,令人精神振奋。不过,有一个细节,却引起了我的注意:几年间换了三任局长。第一任局长,提出了"做有灵魂的教育"。督导时,学校提交的材料,都是围绕着"有灵魂"来组织,无论在宏观阐述上,还是在微观表达上,呼应到位。相隔两年,我又去那里。原来的局长调走了,来了新局长,提出了新的理念:做有未来的教育。于是,我看到学校所有的材料,都是围绕着"有未来的教育"来做,无论宏观的阐述,还是微观的表达,呼应到位。

因为我对这个城市熟悉,与许多校长关系也融洽,说话因而就有些"随意"。我问他们:什么是有灵魂的教育?什么是有未来的教育?它们的共同点与不同点是什么?如何能在几天时间里从"有灵魂"过渡到"有未来"?校长们笑而不答。

前一段时间我又去了，参加督导。局长又换了。新局长是一个谨慎而厚道的人，一直在学校，经历了教育理念的变迁，他是土生土长的教育人，因而有自己的坚守，没有立即提出自己的教育口号。我看到学校提交的材料又恢复了灵魂的教育，兼而还提到有未来的教育。我这个人有时不识时务，不该说破的事，总是想点破。我又问：有灵魂与有未来，融合为一体，如何阐述清楚？

今天，办学校、做教育，早已过了"粗放期"，到了以内涵发展为主的时代。教育自有其规律性，不同时代对教育有共性的要求，区域教育同样如此，不是简单地各自提各自的理念、主张、口号，不是单纯地追求"新"，不是标新立异，不是要突出自己。

有灵魂的教育，是针对该区域的特点，总结了该区域多年的教育追求与实践，提炼出来的理念追求、特色追求、实践追求，又被大家所认同。因为领导换了，一下子被替换了，似乎有点草率。有灵魂的教育不是未来教育的要义吗？三者在本质上有多大的差别呢？

我只是举例，丝毫没有贬低这个城市的意思。相反，他们做得很好，教育既有灵魂，又有美妙的肉身。在细微之处，都能感受到教育的生命质感。我想表达的是：我们教育人要有气度，要有大胸襟，不要分你我。为何总是要突出自己？领导换了，前任领导的做法得不到肯定，优秀的传统中断了。教育不是急火就能煮熟的饭，离开优秀的传统，得不偿失。这个问题现在很突出，也很普遍，应该引起人们的高度重视。

教育工作要学会做加减法

校长做事，不是做得越多越好，应该要知道有所为有所不为。不该做的事，做得越多，就错得越多。我提出的这个问题，其实，是一个算术问题。有的家长只会做加法，不会做减法。我这样说，有人或许觉得有点奇怪：有谁还不会做加减法？但现实中，我们的一些校长，还真不会做加减法。在该做加法时，做了减法；该做减法时，做了加法。举一个例子，我经常在讲座或论坛上提问：当下学校教育最缺少什么？有人答不上来。我又会问：当下学校教育什么是多余的，哪些又是最多余的？同样，有人一时也回答不出来。

回答得不符合标准答案没关系，标准答案，本来就不应该成为标准，当下学校教育出现的许多问题，都与长期以来一直信奉标准答案有关。问题是有些领导、校长，不知道怎么回答，说明平时很少思考这些问题。学校教育缺少的，我们要做加法。学校教育多余的，甚至是有害的，要剔除，剔除不是做减法吗？

不会做加减法，主要是不会在现实中做题，有时别人给出了题目，确定了加法、减法，他会勉强做做。比如，听上级的安排、专家的意见。上级领导、专家说怎么做，就怎么做。上级领导、专家说对了，他有可能做对了，上级领导、专家说错了，则做错了。自己没有信念，没有主见，是一个木偶人。这种木偶人有的是环境使然，有的是自觉自愿做木偶人，怕自己做错事，怕承担责任。

既不会做加法，也不会做减法，这样肯定经常犯错。本来，一加一等于二，却算出了一加一等于零。比如，素质教育与应试能力，是一个事物的两个方面，注重培养学生的综合素质能力与培养学生的应试能力，应该是同时并举的，可是到了有些人的手里，两者分离了，他们既不敢理直气壮地抓升学能力，又把素质教育理解片面了、窄化了，到最后，什么也没有抓住，教育教学的成效甚微，两手空空，那不是等于零吗？本来二减一等于一，却算出了二减一等于零。当下我们的中小学，不是没有理念，而是理念太多，一套又一套。有的校长，又不会融通，需要删繁就简的时候，就是不会做减法。做减法，成了倒洗脚水，要么一盆水都在，要么，不管水里有没有东西，一倒了之。不动脑筋，不会动脑筋，没有自己的思考，没有自己的心得，有的只是教条，思想僵化。

本该做减法的他做了加法，本该做加法的他做了减法。不会审时度势，不会权衡利弊。理论层面是这样，实践层面也是这样。学校教育的宏观领域是这样，微观领域也是这样。大事要事是这样，细枝末节也是这样。比如，有的领导、校长上任伊始，不是好好学习，多吸收，而是一味破除传统，对优秀传统也不例外。有的校长，不读书，无知无趣，在应该多读书改变自己的时候，把时间耗在具体的无数琐事之中，本该下手做的，他全包了。

教育的问题是复杂的问题，当然也会遇到变式。要提高学生的学业成绩，不能只做加法，还要学会做减法。有些领导、校长以为只要加班加点，就可以有成绩，因而延长师生在校时间，白天不够，还要开辟晚自修。提高学业成绩，应该依靠提高课堂效率，要依靠课堂改革，依靠提高教师上课能力、组织考试能力、辅导能力、批改作业能力，乃至分析综合能力来实现。一味做加法是不行的，要做减法，减去疲劳战、减去劳民伤财。用心、用情、用力，都应用在关键处、要害上，而不只是自我的心理安慰：我做了，我延时了，我向社会表明态度了，至于实际效果与我无关。

教育有自己的规律，与简单的加减法还是有区别的。一加一在特定的条件下，除了等于二之外，还可能大于三。学校的根本宗旨，是为了师生的生命成长。老师发展了，才有学生的发展。老师的发展、学生的发展，做好了，学校其他一切才都会好起来。届时，它的管理值得肯定，它的校园文化值得肯定，它的德育工作值得肯定……那不就是，一加一等于三、等于四、等于五，等于无穷大了吗？

校长除了自己会做加减法，也要让老师学会做加减法，要大肚量，不能自己怎么样，就让老师怎么样。校长做加法的时候，要允许老师做减法。校长要累一点，老师要轻松一点。校长对老师提的要求，校长首先要想办法自己做到。同理，老师对学生提的要求，要首先自己努力做到，自己做好了，学生才能做得更好。老师要累一点，学生要轻松一点。因此，校长做数学题，需要大智慧。除了能够统筹协调好各种关系，要有哲学思考，要能够顾大局，识大体，也要以身作则，推己及人。唯有如此，或许我们的学校教育工作，方能做好一二。

教育，不能总想成典范，出样本

一

前几天我写了《教育，你不能总是想要出新花样、出新闻》，发在个人公众号上，无锡天一中学沈茂德校长留言："你何不再写一篇《教育，不要总想成典范，出样本》？"我们是很好的朋友，他是我素来敬仰的人。我刚当校长的时候，我的老领导顾祖峰，也是二十年前带着我在教育部门搞政策研究的老师，他常说：柳袁照，你假如达到了天一中学沈茂德校长的水平你就可以了。可惜，我花了很大的努力，还是没有达到天一中学沈校长的高度。现在，沈校长如此留言，或许是诚恳，或许是调侃。于是，我回答道："倒真可以写，我们同题作文如何？"

二

教育，不要总想成典范，出样本。我理解有两层意思：第一层，典范、样本还是需要的，还是有意义的。第二层，只是要把握度，不为成典型而成典型，不为成样板而成样板。思考问题不能绝对，对教育也是如此，越过了边界往往适得其反。

无锡天一中学即典型、样板，沈茂德校长本身同样也是典型、样板。过去十多年间，我多次去那里，从老校址，到现在搬迁的新校，一砖一瓦、一草一木，都能讲一个教育的故事，都蕴含着教育的理念，点点滴滴都是沈校长带领全体教职工洒下的心血。素质教育与升学率同步提升，超常教育与普通教育像一对翅膀，带着天一飞翔在教育理想的天空。说到无锡教育乃至江苏教育不能不说的两个典型、样板，还有一个是锡山高中与唐江澎校长。在回归学校优秀传统，开发、整合、提升校本课程方面，其影响力不仅在无锡、江苏，在国内都是深远的。天一中学与锡山高中是无锡的一对姐妹花，无疑是我国基础教育的百花园里两朵明亮、妩媚的姐妹花。它们的案例值得研究，可以成为教科书。

天一中学、锡山高中成为典型、成为样板，不是偶然的，是两位校长对教育理想追求的结果，更是一个自然的过程与存在。它们并不是老牌名校，而且都不在中心城区，而是在老城的郊外、边缘地区，越过老典型、老样板，成为发展中学校的新典型、新样板，对我们国家的薄弱学校改造、建设、超越发展具有示范作用，体现了教育的时代风尚与精神。

三

不是所有典型、样板都如天一、锡山的样子。有的地区，学校强做典型、样板，竭力为之。或曾经是典型，时过境迁，但仍然想保住昔日风光，有时借政策保护，专门为之出台政策措施。或以成为典型、样板为办学目的，过程与目的倒置、目的与举措倒置。学校常驻扎记者，设立记者站或变相记者站，等待新闻的产生、经验的出笼、理念的诞生。甚至辅以培训机构，在传播样板经验的同时，获取较大的经济效益。

勉强做典型、样板的，最终办不成样板、典型。甚至，由于它的存在，影响或阻碍了其他学校的正常发展与快速发展。为做典型、样板而做典型、样板的，在本质上背离了教育的本质、办学的宗旨，失去了典型、样板的实际意义。这样的典型、样板有还不如没有，多还不如少。

四

苏州市实验小学，是一所百年老校，历史辉煌，现实也光彩。百年来一直是苏州市民心目中最信得过的学校。最近的徐天中、林红两任校长，以小学校做大教育，在平实中拓展大境界，被教育内外所公认。它的典型地位从未被撼动，同时，一批同样是典型、样板的小学，如平江实验、新苏师范附小、沧浪实小、金阊实小，以及工业园区、新区的一批小学，共同成为苏州小学教育天穹上明亮的星。但在这个过程中，市实验小学的领头羊地位从来没有动摇，更难能可贵的是，教育的生态从来没有被破坏。

这并不是说它们十全十美了，相反在发展过程中，苏州的这些小学典型、样板，还有必要进一步处理好与其他普通学校之间的关系，还有许多亟待解决的课题。大家有没有注意到这样的自然现象：大树之下，寸草不生。这给我们以启示：如何处理好典型与一般、样板与普通之间的关系？于人是这样，包括老师与学生；于学校也是这样。成为典型、样板之后，如何带动其他人、其他学校一起进步、发展？不能独占阳光雨露，应留一片天地给别人。不能独占、抢占资源，应多留一点机会给别人。

教育，出典型、出样板，不是坏事，是好事。只是我们动机要纯，不是把出典型、出样板作为掠夺的手段，以势压人。而应保持本色，不忘初心，获得人们由衷的理解、支持与尊重。

课堂教学不能成为"副业"

就减轻中小学教师负担这个话题，我写了一篇文章发表在自己的微信公众号上——《减轻教师负担，只有基层教育部门"少作为"》，建议各级教育行政部门到学校考察交流的时候，都要先听两节课。这篇文章引发了一些议论。唐校长给我留言：

"不大认同老兄的观点！教学是一门专业，不是随便什么人都可以来听课的；如果让任何检查组都来听课，内隐的假设是对教育专业性的蔑视！包括所谓校长推门听课评课，放在非自己教授学科，其实也是对其他学科专业性的漠视。我想不会有任何一个院长会邀请检查组去观摩医生诊疗、手术，也不会有多少大学校长去要求上级听课。试以一言与君相验，倘若您的高见真被采纳，倒霉的会是语文老师，因为谁都认为可以去听、去评语文课，谁都可以对语文说三道四；放心，数学课那里，物理课那里，不会有多少检查组的，除非那检查组里有个奥数教练出身的厅长！"

唐校长说得尖锐而又深刻。我们曾是"校长研究班"的同学，都是同一批老师培训出来的，有时观点一致，有时观点不一致，直接争论，毫不留情，早已养成了习惯。这一次，我以为我俩的意见实质是一致的，表面看来，有分歧，其实他是"明修栈道，暗度陈仓"。我们都想切实解决老师负担重的问题，只是他担心检查组都来听课，更加重了老师的负担，尤其是语文老师，大家对语文这门看似听得懂的课，都来指手画脚。唐校长说得有道理，怎么办呢？

还有一位老师留言：现在各类检查真的太多，忙于应付，课堂教学倒成了"副业"。一语中的，说出了有些学校的某些骨干老师的真实状况。为了应付检查，许多教育教学骨干，腾出身子，专门做应对与服务工作，精力主要用于此，哪还能顾及主阵地的"课堂教学"？

由此，我想到了中小学管理中的弊端。有时我们为了"管理"而管理，忘掉了教育的本意，忘掉了管理的本意。为追求管理的到位，补充了越来越多的管理人员，制定了越来越多的管理制度。其实，教师的巨大压力，不仅仅来自外部，也有学校内部因素推波助澜。优秀教师都去做"管理"，上课只能让其他老师多承担，不是都增加了负担吗？

唐江澎校长上述一段话振聋发聩，不妨再强调一下："教学是一门专业，不是随便什么人都可以来听课的；如果让任何检查组都来听课，内隐的假设是对教育专业性的蔑视！包括所谓校长推门听课评课，放在非自己教授学科，其实也是对其他学科专业性的漠视。"有些学校扩大管理群，追求细致的微观管理，要求管理者时刻深入课堂，跨学科地干预教学，或许是一场灾难。这种现象，真值得我们深思。

不能为了管理而管理，更不能为了形象而管理。有时学校做许多事完全是为了"面子"，与实际的办学关系不大。比如，有时去学校，经常看到挂着写有"为了创建×××，而要×××"等字眼的横幅。本末倒置，学校创建什么，不是目的，只是手段，发展好师生，才是根本目的。

我们现在常说"底线思维"，其实就是做好可能出现最坏情况的准备。这需要我们"返璞归真"，做事更要讲究成本。复杂的事要简单化，而不是简单的事复杂化。过度管理，是资源的铺张浪费。过度树立形象，是需要花代价的，而这些代价是没有必要的。学校管理的返璞归真，是回归到文化管理上来，多一点无为而治。中小学管理团队不应该是一个独立于教育教学群体的对立力量，而应该是融入其中的。

优秀老师做管理，或者说将杂事变成主业，而课堂教学则成为副业，真是得不偿失。优秀教师不上课或少上课，对学生来说是损失。让相对低水平的老师上课或多上课，再靠优秀教师去管理，更是得不偿失。学校要鼓励优秀老师多上课，多劳多得，优劳优酬，才真正有利于学校发展。

第三辑

好老师就是好学校

好老师，就是好学校

遇到一个好老师是一个人一生的财富。反过来，遇到平庸的老师，或者学问差、师德更差的老师，则是一个人的大不幸，甚至是一场灾难。

前段时间，我在网上看到一段视频，有揪心之痛。一位新老师，回忆自己做学生时的遭遇。那是一个夏天，燥热的天气，寂静无声的教室，学生都在刷数学题。门窗紧闭，也没有人想到要开一条细缝。有位女同学，被蚊子咬了，小腿瘙痒不止，难以忍受。女生闻到前面一位男生身上有风油精的味道，忍不住用手点了前面男生的后背。就在这一刹那，正在教室巡查的女教师转过身，看到了，当着全班同学说道："请不要耽误好同学学习，如果你要搔首弄姿，请到别处去。"紧接着，女老师说出了这位女生的名字。那个男生转过身，用鄙夷的眼神回望了这个女生一眼。从此，这个女生的噩梦开始了。很快她的全校领操员的资格被取消了，因为她站到台上总是记不住下一个动作是什么。她无法正常地走在校园，周围的同学总会指指点点：这个人又在搔首弄姿了。女生心想，改变这一切的只有两个办法：把自己的马尾辫剪掉或者把数学成绩提起来。于是，她剪掉辫子，开始拼命地做数学题。有一节数学课上，她努力地举手争取回答问题，还是这个数学女老师，看了她一眼，说："你就不要浪费时间了，重点班的时间很宝贵。"于是，点名叫了一个根本都没有举手的同学回答。从此，这位女生数学成绩一落千丈，厌恶数学。一度精神还出了问题。父母只能替她转学，换了学校，遇到了好老师，经过耐心疏导，她才慢慢地走出了阴影。

遇到一个好老师是多重要啊！老师的言行，哪怕只是一句话，带上侮辱、轻视、捉弄、调侃的语气之后，都可能变成"毒箭"，对孩子的伤害是致命的。即使他知识渊博、能让学生考高分，也称不上是好老师。

实事求是地说，像这样羞辱学生的老师，在现实中并不少。有一次，我巡视楼道，发现一位老师在过道上大声训斥学生，原来她上课发现这位学生在看小说，立即把他叫出课堂，当场宣布停课一天，还要请家长到学校，让他写检查，以观后效，再决定是否恢复上课。我立即制止，我在教师大会上说，任何老师都无权作出停课的决定，校长也没有这个权力。这个学生为什么要在这节课上看小说？老师应该先把原因调查清楚，因为有时并不一定是学生的责任。即使学生有错，老师也不能这样粗暴地对待。

当下，家长焦虑，为子女读书焦虑。幼儿园、小学、初中又都是划地段入学，对于家庭所处地段不理想的家长来说，真如热锅上的蚂蚁，得想尽一切办法去寻找、落实学校。多数家长择校的目的，是为孩子寻找更好的教育。我以为，择校不如择师。重点学校、热门学校确实不错，但假如遇到的是一个不是好老师的老师，还不如在一个普通学校遇到一个好老师。什么是好教育？好教育就是好老师，好学校就是好老师。

现在的所谓"好学校"，其实也有不少"差老师""弱老师"，乃至"坏老师"。有些孩子遇到他们，退步、丧失信心，是不争的事实。遇不到好老师，进了所谓的好学校有什么用？一个人遇上一个好老师，是人生的一大幸事，有人因为遇到了好老师，从而改变了人生。古今中外这样的例子，举不胜举。

比如，就说中国历史上第一个最伟大的老师孔子，他有三千弟子，七十二贤人。像颜回、闵损、冉耕、冉雍、冉求、子路、宰予、子贡、言偃、曾参、公冶长等，都很有成就。但假如他们不遇到孔子，会有如此的成就和影响力吗？

大家都很崇拜苏轼，他的成才与他的几个老师是分不开的。父亲苏洵很早就把他送到眉山张易简乡塾读书。直到晚年苏轼还怀念这位老师。苏轼才思敏捷，有一天，有人拿了《庆历圣德诗》给张易简看。张老师看完，请苏同学看，苏轼一会儿便能背诵，并就诗中的人与事提出问题，这么小的孩子问这些，有必要吗？张老师原本不想讲它了，但苏轼说:"难道他们是天上的人吗？假如这样，我就不敢问了，假如也是凡人，我为什么不可以知道呢？"换了一般老师，或者搪塞，或者反训斥小孩子问得太多。张老师是一个好老师，他欣赏苏轼的穷追猛问，便告诉他有关庆历新政的事。这为以后苏轼形成的政治立场，奠定了最早的基础。后来，苏轼又到眉山刘微之那里学习。刘微之有诗才，写了一首《鹭鸶诗》，与学生一起讨论。诗中有"渔人忽惊起，雪片逐风斜"的句子，苏同学建议刘老师把"雪片逐风斜"改成"雪片落蒹葭"，当场得到了刘老师的肯定与赞赏。有才华而民主，这是好老师的重要标志，苏轼有幸遇到了。再到后来，苏轼直接拜欧阳修为老师，这与他以后在皇上面前脱颖而出，是分不开的。

努力成为好老师应该是一个老师不可推卸的责任与神圣的使命，而选择好老师是每个学生的权利与向往，这应该是常识，可惜，还没有被所有人意识到。

有感于择师比择校难

这些年来,在校长发展、教师发展的问题上,不同的时候,提法似乎不同。有一阵子热衷于提培养"教育家型校长""教育家型老师";有一阵子又热衷于提培养"名校长""名教师";现在更多的是提培养"好校长""好老师"。这些概念的内涵一样吗?它们之间是什么关系?有时候,这些概念互用,也看不出什么区别。有没有专家在研究这个问题?我不知道,或许这些是可以忽视的问题。

其实不然,它们之间是有区别的。区别在哪里?我也一时说不清楚。不过,学生、家长、社会,都喜欢"好老师"。孩子入学,家长很关切会安排到哪个班级,是些什么样的老师,都希望自己的孩子能遇到一位或几位"好老师"。学生经过一段时间的学习,他们也会说某位老师我喜欢,也会评价某位老师是好老师。好老师是不需要评选的,也没有指标,不会一所学校一年只能评出两位或三位,多了属于超标,不被允许。好老师是口碑,标准不在教育行政部门手里、不在校长手里，而在学生、家长的口中，被社会所认同。

一所学校谁是好老师？每年的开学前，新生入学分班，热门的班主任和任课老师，一定是好老师。这些老师像传统的老字号，是品牌，得到一届一届学生和家长的认可、赞誉。谁能进这类班级，有时校长说了也不算。

有的家长不在乎这个老师有多大的名声，只在乎育人育得好，教书教得好，只在乎实际效果，如果这个老师名声大，那更好，没有名声也没关系。这里的"名声"，是各种称号，包括政治的、学术的。

好老师是实在的，不是摆设，更是不用排序的。好老师有爱心，周身都洋溢着爱的气息。他们可以不是著作等身，可以没有在核心刊物发表多篇文章，也可以没有课题开题、结题与获奖。好老师，是不计名利的，有也好，没有也好，顺其自然，但他们是学校的中流砥柱。

《老人与海》的作者海明威，在说到"好作家、坏作家"这个话题时，说过这样一句话："再没有比装腔作势、申请参加法兰西科学院或什么科学院的人更下流的了。"这句话说得似乎有点绝对，不过也有一点道理。能不能用在"好老师"这个话题的讨论上？我们会不会有所启发？

海明威在讨论这个"好作家、坏作家"话题时，还有一段尖锐的话，他说："说明一位作家写得好不好，唯一的办法是同死人比。活着的作家多数并不存在。他的名声是批评家创造出来的。批评家永远需要流行的天才，这种人的作品既完全看得懂，赞扬他也感到保险，可是等这些捏造出来的天才一死，他们就不存在了。"

能不能借用到学校教育中来？对所谓教育家校长、老师，以及名校长、名教师，是不是可以在一定程度上，听取海明威的意见？有些当下的教育家、名教育人，也是被人"捧"出来的，而他们能不能经过时间的检验、历史的检验，尚未可知。看来，我们还是少一点"家"、少一点"名"，多一点"好"，才好。

最近，我一再建议：择校不如择师。一个区域，好学校（即家长心中的热门学校、理想学校）是一个定量，只有这几所，不可能满足每个人的要求。完全可以去普通学校，那里同样有好老师。不料有家长说：择师比择校还难。没有"内线"，不认识关键人物，如何能择到"好老师"？我说，现在学校绝大多数老师都是"好老师"。家长回答说：即使学校只有少量的不理想的老师，只有个别的"差老师"，假如我的孩子遇到了，不就是遇到了百分之百的"差老师"了吗？孩子不就毁了吗？

多么沉重的话题，又是那么不能回避的话题。有时一个"好老师"与一个"差老师"，就是一步之遥，就在某一个细节、一句话、一个眼神。让每一个老师都成为好老师，这才是我们的教育理想。那时，就不会有太大的择校矛盾了。

有时我们也是"差老师"

听到这么一件事,年终要推荐先进、模范。许多人都有资格,许多人也都想要这份荣誉。大家都在猜,最后是谁当选?结果学校颁给了一位只知道把学生关在教室里做练习的老师。这位老师一有空就坐在教室里,陪学生,教室里总是静悄悄的,三年间几乎连像样的班会活动都没有搞过。校领导认为,这位老师不错,兢兢业业,实在。于是把仅有的市级先进的名额给了她。老师们私下议论纷纷,这个老师什么都不管,只知道把学生关在教室学习,树她为先进,是什么导向啊?

现在,我们都在提做"好老师"。有好即有坏,我们有没有研究过什么是"坏老师"?"好"的反义词是"坏",我们常说"好老师",却回避了"坏老师"这个概念。当下中小学应该没有"坏老师","坏老师"一旦出现,一定会被清理出教师队伍。而"差老师"应该是存在的。谁是"差老师"呢?或者说,什么样的表现属于"差老师"?

有一位老师参加了我的关于"好老师"讨论，认同我的观点：有时"好老师"与"差老师"，就是一步之遥，就在某一个细节、一句话、一个眼神。她说了自己上初中时发生的事，那是在乡村学校。有一天因为停电，眼保健操不能使用广播，班主任要她去领操，她原是一个听话的好学生，但不知怎么了，情绪不好，竟然回绝了老师。这下捅了娄子，当天班主任在语文课上，宁愿不讲课，也要处理此事，当场把她的班干部职务给免了，并狠狠地批评了她。从此，这位老师对她不理不睬，有时还恶言恶语。她负担很重，知道自己不对，想找老师说明。但不敢直接找，于是写了一封信，夹在作文本里，递了上去。她每天坐立不安，暗中观察老师的反应，没有任何讯息，只能等作文本发下来，看看信还在不在，老师会在作文本上留什么言。这一天终于到了，她小心翼翼地打开作文本，但上面什么也没有，仅写了"及格"两字。她既伤心又惶恐，知道自己闯大祸了，自己的作文原来常常被作为示范作文、优秀作文而朗读，张贴在教室里。现在她的作文竟只得了"及格"，而且没有任何评语。这对一个初中女孩来说，太残酷了。她只有忍，暗暗下决心，一定要把中考考好。终于她在中考中脱颖而出。那时读中师比读重点高中的录取分数要高，她被中师录取了。这位班主任知道了，主动要求陪她去面试，还建议她面试时穿什么颜色什么款式的衣服。暑假里，这个班由于出了历史上中考的最高分，几乎所有任课老师都调到了镇上的中学去任教。

由于中考出了一个"状元"，她的老师被表扬、被奖励，被称为"好老师"。"好老师"们都进了梦寐以求的城镇学校，满身荣光。但这位老师，能说是好老师吗？"好老师"，怎么能如此对待一个学生呢？即使是学生的错，也应该给人家一次改正的机会吧。是不是她为了成就这位同学，而设置了磨炼她的场景"天将降大任于是人也，必先苦其心志，劳其筋骨，饿其体肤，空乏其身，行拂乱其所为，所以动心忍性，曾益其所不能"？会吗？诺贝尔物理学奖获得者朱棣文，曾去哈佛大学参加毕业典礼，作嘉宾演讲，他说，要感恩老师，包括看起来不那么好的老师，是他们教会了我们自学。上述老师，和我讲到的只知道把学生关在教室做练习的那位老师，在我看来，不是"好老师"，是"差老师"。但现在"好老师"与"差老师"的概念混淆了，好坏不分，好差不分，真让人无所适从。

现在家长喜欢择校，更喜欢择老师，这不错，可是往往择错了方向。家长心里也只要高分，能出高分的就是好老师。有时这些出高分的老师心理是不正常的，忧郁加焦虑，影响学生，还连累家长。

曾看到两个段子，很有趣。第一个段子：晚上十点多，从楼上传来一个女人的咆哮声："什么关系？啊！什么关系？！说！到底什么关系？"邻居那颗八卦的心疯狂地跳跃起来，趴到窗户上支起耳朵认真听着下文。女人继续气愤地喊道："互为相反数啊！"邻居默默地关上了窗户。还有一个段子：也是午夜，小区内突然响起一个女人愤怒的骂声："你都已经知道疑似了，怎么就不知道疑似的后面是什么？疑似的后面是什么？你说呀！你站在那儿发呆有什么用啊？"小区熄灭不久的灯光几乎同时全亮了。疑似的后面？疑似的后面不就是确诊吗？人们纷纷扒在窗口伸出脑袋竖起耳朵，有人甚至拨打报警电话。这时骂声又响起："是地上霜啊！疑是地上霜啊！这么简单的四句诗你都背不出，你怎么这么不用功啊！"顿时，小区的灯纷纷熄灭，重归宁静。

这是被孩子读书逼得不正常的家长的"众生相"。老师与家长现在都有"群"，老师将作业布置在"群"里，每次测验、考试的成绩也公布在"群"里，家长成了老师的助教。孩子的学业成绩是建立在学校与家庭双重压力下的产物。这样做起到效果的老师，又会被视为负责任的老师，往往被推崇为"好老师"。但学校的危机转嫁到了家庭，老师把自己的压力转嫁给家长，鸡犬不宁，如何是好？

"好老师""差老师"是动态的，也会有转变。我们做了许多"好老师"的事情，只是偶然做了一件"差老师"的事情，这件事情可能就伤害了孩子，以至影响他一生。从这点来说，我们自己有时就是一个"差老师"。稍有不慎，就会做出违背教育规律、孩子成长规律的事，做了自己还不知道，却会让学生记住一辈子的事。

或许只是一念之差而造成的遗憾，但那是真遗憾。有时我们在处理这个教育问题时，是"好老师"，在处理那个教育问题时，又成了"差老师"。谨言慎行，对老师太重要了，疏忽不得。我们的一个细节、一句话、一个眼神，会"好"了一个学生，也会"坏"了一个学生，能"好"了一个家庭，也能"坏"了一个家庭。对此，我们不能不知。

差生、差班与好老师

最近,我与一位老师讨论"差班"问题,我说了自己的看法。我认为出现"差班"主要是老师的问题。我说,我要写一篇随笔,题目是"差班一般都是因为老师差"。她说:校长,你不能写,这要伤了老师的心,老师已经很不容易了。那我又反问:我的观点对不对呢?她回答:虽然不错,但是还是不能这样说,因为老师的压力会更大。这位老师,是一位好老师,她用心、用情做班主任,无论面对什么样的学生,她都能把这个班带成优秀的班集体。

曾经有一句话,流行在中小学校,叫作:"没有教不好的学生,只有不会教的老师。"不少老师反感,认为这句话不真实,是对老师的苛求,甚至有人认为这是"教育的最大骗局"。我与这位班主任又讨论了这句话,我说,你怎么看?她回答:前半句是对的,后半句可以不说。而她本身就是一个能改变孩子的老师。

这位老师经常接受"差班"。什么叫差班?有几个显性的标志:纪律差，教室里总是乱哄哄；学习成绩差，上课多数人无精打采，大多学科总是年级倒数；习惯差，控制不住自己，经常出事，不是打架，就是闯祸；等等。实质是班级没有形成班集体，没有形成优良的班级文化，没有营造班级良好的催人奋进的风气，没有凝聚力，没有被全班同学认同并为之努力去实现的班级目标，没有有效的班级管理，没有形成一支学生自我管理的队伍。这些显性的现象与实质性问题，最重要的根源，在于班主任的班级管理的理念、能力，也就是缺乏应有的管理手段、方法与途径，更缺少管理的艺术与智慧。这位老师之所以每次接受差班总是能迅速地扭转局势，让差班变好班，原因也正在于此——遵循教育的规律，遵循孩子成长的身心发展的规律，遵循班集体建设的规律。简单的道理，人人都懂，但能不能在日常的班级管理中落实，而且不留痕迹地起作用，这是关键。有的老师带班总是带出好班，有的老师带班总是带出差班，造成差距的原因就在这里。

我与这位班主任讨论，很受启发，我告诉她，我改，题写一篇《差生、差班与好老师》，不料，她又对我说："校长，慎用'差生'，什么是差生？差生是没有的。"这让我感动，我回答：我正与你有一样的感受，我文章中正想表达这个观点。多年来，我们在创造、使用教育概念的时候，表现得太随意，实际是太不负责任。以我们成人的想象或者愿望去定义孩子的成长以及成长状态。每一个孩子都不一样，在他们发展的路上，出现差异，完全是自身成长的自然状态，或许与我们成人，特别是与老师、家长的预设不一致。比如，调皮，以及调皮所派生出来的表现，完全属于健康成长的范畴，却往往被冠以"差生行为"，行为差，或学习差。所谓的学习差，也是千差万别，绝大多数不是本质差，而是表现形式的差异，学生学习时领悟得滞后一些，迟缓一些；表达得欠流畅一些，曲折一些等，即认为是"差"，有失公允，更不科学。在老师的否定声中，不差也成了差，假差成了真差。这样的例子，比比皆是。

小学、初中、高中，是孩子成长的不同阶段，他们在不同的阶段表现出来的状态也是不一样的，特别是在小学，绝对不应该出现"差生"这个词，甚至"学困生""后进生"这些词都得慎重使用，因为都有可能对孩子产生心理阴影。最近我看到一则消息，说有一个小孩，嘴巴上颌出现了一块黑斑，去一所大医院诊断，还挂了专家门诊，确诊为癌，而且到了晚期，基本是无法挽救了。怎么办？只是两岁的幼儿，多可怜，家长多伤心啊。有人建议再找其他医院看看，于是又走进了附近的一所名不见经传的小医院，医生让孩子张开嘴，在孩子上颌拨弄了一下，所谓的癌症黑斑，原来是一瓣西瓜子壳。我不能确定此事真假，不过，我却有所感悟：当下我们老师对差生的诊断，很多都是这样的误诊，这是肯定的。

现在的三好生评选制度，有积极作用，不再赘言。但班上孩子即使个个都是优秀，也不可能人人都能上榜。小学毕业，进入初中，虽然说不能择校，但其实许多地方，还是有择校，明的暗的，直接的或变相的。虽然一再强调义务教育不能以任何名目分好班差班、快慢班、实验班，但是客观上这个现象还是存在的，暗的、变相的择校现状改变不了。进好学校、好班，不能考试，就得看三好生的次数：小学六年十二个学期，每学期评一次，最好是每次都能拿到，十二个三好生奖状，到手谈何容易？特别是男孩，贪玩、调皮、淘气，浑身都是童真，可在某些僵化的老师眼里，这一切都是差的表现，怎么可能与三好学生有缘？等到这些男孩"成熟"，为时晚矣，至多在后几年得到三好。可是，很多机会与他们无缘了，就像挤车，一班车错过了，上不去，后面旅途上的车都会误点。有些家长明白这个道理，于是竭力要与班主任处好关系，打声招呼，格外关照，希望班主任多给些荣誉，多给些机会。我对这位班主任说，假如有家长对你有这类请求，怎么办？她回答得很干脆，一个都不照顾，本来该怎样，就怎样。在当下这样的背景下，这个老师的坚守，即是好老师的标志之一。有些差班是如何产生的？这也是缺口，社会上的一套，也影响了班级，如何有公平、公正可言？投机钻营，不诚信，孩子失去了对老师的信任，乱班从此始，这是真的。

教育是细节的艺术，况且教育需要时时处处追求细节的美，不能有任何的遗漏、遗忘、遗失。好老师即是追求细节美的人。我喜欢看老师的教育教学案例，喜欢听来自学校日常生活的小故事。那些小案例、小故事，虽然平常，却闪耀着教育智慧的光辉。我看了这位班主任老师的一则教育案例：一个男孩打人了，把班里的同学打了。这可是一件班级大事，严重事件。怎么办？拉进办公室批评，乃至训斥，再升级到请家长来。写检查，挖思想根源；写保证，请家长担保；给处分决定，警告或记过，大会通报或张贴处分公告。如此这般，这不是不可以，可是从此这个孩子或许就是"差生"了：阴影会笼罩着他相当长的一段时间，心理负担、同学异样的眼光，等等，都是把他推向"差生"的力量。这位老师怎么处理？首先换位思考，站在打人孩子立场思考，他因为没有好的习惯，被同学冷落，他也有委屈，融入班集体的愿望被忽视或者说不被尊重。再站在被打孩子立场，以及同学们的立场，感受他们的心情、正当的权利与义务，有度、有礼、有节，创造机会与条件让大家也能换位思考，自我反省。引导大家各自感受到自己的不足与问题，打人的孩子认识了错误，赔礼道歉，班集体也认识到了自己的问题，满腔热忱地接纳那个同学。从此，课余或其他正式、非正式的活动、游戏，大家都会主动邀请这位打人的"差生"，"差生"潜移默化，成了好学生。这篇教育随笔，写得很好，教育的分寸，教育的步骤，教育的火候等，拿捏得很好，显示了教育的艺术与智慧，有细节，生动，饶有趣味，把儿童发生问题时候的真实情形，描摹了出来。

遇到好老师，不会出现"差班"。有的"差班"老师总会抱怨自己运气不好，遇到的总是"差班"；总是羡慕"好班"的老师，总是那么幸运。我研究过"好班"老师的特质，她他一定是一个有爱心的老师，是心里有学生的老师，她他是情感细腻型又不失理性智慧的老师，能引导学生还能疏导家长，她他一定还是一个科研型老师，有方法、讲方式的老师，遇到了这样的老师一般不会有"差生"，自然也没有"差班"。

什么是教师的"核心素养"？

当我们谈论学生核心素养的时候，不要忘记教师的核心素养。我以为，要求学生做到的，老师必须先做到。我以为核心素养是一个点，而不是一个面。核心素养的概念也不是绝对的。在热议核心素养的背景下，我很看重"情怀"这一个词。我们今天的学校、今天的老师、今天的学生，还拥有"情怀"吗？即使有，又有多少"成色"？而这三者之中，我们的老师，还都是有情怀的老师吗？

生活的态度，即教育的态度。我们内心是什么，眼中望出去，世界也就是什么。在我看来，世界是美的，世界是诗意的，世界万物都是有生命的。生命是美的，因而，教育是美的，学校是美的，我们所面对的孩子们都是美的。孩子们在生命的生长过程中，所发生的一切，有时尽管在我们成人看来，不尽如人意，可是，那是和谐中的一点不和谐，是生命成长美妙过程的组成部分。风来云去、花开花落，都是一种自然的美。此刻我来到郊外，面对这条小河、这个小村庄，看它们静卧在山中，它们所呈现的是一种自然的状态，不假雕琢，何其美。小河的堤岸是自然的，堤岸上下的花草是自然的，或许有杂草，但也是一种自然真实的状态。天上的云，倒映在水中，也是自然而自在的，或许会乱云飞渡，但它是虚幻中的真实。美是真实的。而教育就是要触摸这样的美，寻觅这样的美，呈现这样的美。而这一切，我们每一个人都感知到了吗？今天，我们的教师还有这样的感知能力吗？

对自然美的感知，对世界一切美的感知，就是情怀。今天，当我们强调核心素养的时候，我们有没有首先把教师的这种能力、这种素养，放在十分重要的位置？一个没有情怀的教师，知识再渊博、能力再强，也不是好老师。教师要有高贵的灵魂。教师没有高贵的灵魂，哪有学校的高贵灵魂？没有学校的高贵灵魂，哪有学生的高贵灵魂？有没有高贵的灵魂是有没有生命质感的一个重要决定因素。美妙的肉身，需要有高贵的灵魂去统领，这样我们的生命才会有质感美。这样一个简单的道理，在现实之中，并不是人人自觉意识到的。

当下，学校做的许多事，只是停留在"肉身"层面。当下，教师强化专业发展，也只是停留在"肉身"层面。在一定程度上，情怀即灵魂。我们如何在日常的校园生活中，有情怀地度过每一刻、每一天？我们如何从身边的四季草木的变化中，悟到人生、悟到教育，从而不知不觉地影响学生？这就是能实现高贵的灵魂与美妙的肉身完美地结合在一起，也就是师生们有情怀地实现自己的生命成长。

此刻，我来到这个郊外的山坞，四周是山，山横在我们面前，尽管眼前景色美好，不过总是巴掌大的地方。我随即写了一首诗，题目叫《山坞》：

> 有一个秘密
>
> 一直没有说出口
>
> 翻过那道山梁
>
> 有一条河
>
> 有一个隐秘
>
> 一直没有说出口
>
> 穿过那片竹林
>
> 有一座楼
>
> 秘密与隐秘
>
> 柔柔心中守
>
> 那条河那座楼
>
> 有醉人的一杯酒

这个很平常的农村场景，在我看来就是诗，由此还产生联想：我们在人生的各个不同阶段中，经常会迷失于我们的未来，迷失于未知——我们的教育视野，总是越不过我们的头顶。惧怕、恐惧都无济于事。学校是美妙的地方，可是学校也是一个封闭的地方。这与我们的视野有关。我们怎么办？我以为，视野问题，其实就是情怀问题。在大千世界中，什么才是真正对自己也对他人有用的东西？我们需要准备什么？仅仅有技术、技能、知识就可以了吗？我认为，这些都是需要的，但仅仅有这些还是不够的。所谓核心素养，即把握自己与把握世界的关键的素质能力。在各种错综复杂的素质素养要素中，我认为，情怀很重要，它的地位不可低估，犹如灵魂般重要。

课不能上得太精致，太精致会成假课

怎么上课，是一个简单的问题，也是一个复杂的问题。有的老师说，越教书越不会教书，特别是听了有些专家的讲座辅导，包括观摩了获奖优质课后，自信心常受打击。

讨论这个问题，我们首先要区别两种课：一种是真课，一种是假课。在专家带领下反复打磨、反复试讲，且经过教师集体较长时间孕育出来的课，往往是"假课"。找不出任何瑕疵，完整、完美，会是真的吗？自然界找不出这样的事物。比如，白玉，即使羊脂白玉，都会有一点点瑕疵。

假课，可能都是"精致"的课

假课，可能都是"精致"的课。这样的课有意义吗？好看，却没有生机活力。这只是摆设，没有推广价值，一般老师学不会，没有这个条件，没有这个能力，也没有这个精力。这种精致，往往是做作，是表演。做作是不按常规做事，把简单的事做复杂；把浅显的道理弄深奥，即把自然的事物，变成不自然的事情，从而显示自己的水准。表演是演戏，演戏需要脚本、需要导演、需要配角为主角服务，假戏真做，或真戏假做，以博得观众的喝彩。

假课，不是为学生上课，而是为专家上课。这样的课，自然是假课。有些专家，在基层学校影响力很大，评优课直接关系到教师的职务晋升。专家的观念、教学主张、课堂标准，是权威，需要教师在教学活动中落实，至少要在公开课评优课中体现。而教师也会主动或被动地迎合，专家也需要教师在课堂上印证。这时候，教师上课往往是上给专家评委听的，力求与专家的观点相吻合，以能得到肯定，有好的评价结果。上给学生听，与上给专家听是不一样的，给学生上课是为了教会学生，给专家上课是为了表演或表达自己。

真正精致的课也要大气

精致的课，不是不好，精致的课有许多也是好课，只是精致的课也要大气，像天籁般，一派自然样态。要质朴，真水无香，不做作。精致是追求有个性的课堂艺术，要恰到好处，泼墨与工笔，密不通风与疏可跑马，满地阳光与云雾缭绕，这些关系要处理好，不能片面、偏颇。要把握度，不能为追求精致而精致，精致过度与在花房里养花差不多，盆景会有，参天大树少有。精致过度与溺爱儿女差不多，挑食拣食成了习惯，营养失调。

比如汉赋，曾经鼎盛一时，出现了不少优秀的作品。例如，司马相如的《子虚赋》《上林赋》；贾谊的《吊屈原赋》《鹏鸟赋》；枚乘的《七发》等，铺陈叙事，辞藻华丽，在文学史上有着重要地位。但是，由于它追求形式，过于精致，以丰辞缛藻、穷极声貌来大肆铺陈，传播力极其有限。特别是那些大赋，规模巨大，结构恢宏，气势磅礴，词汇华丽，往往是成千上万言的鸿篇巨制。连擅长写赋的扬雄也感叹说："童子雕古篆刻。"社会需要一种通俗易懂、渲染力强、表现形式丰富的新兴文体，汉赋终究只是一闪而逝，再无回响。

比如昆曲。起初，昆曲仅仅是清唱，比较简单，有顽强的生命力，后来加入了各种其他戏曲元素，以臻鼎盛，一时成了霸主，成为百戏之王。但由于昆曲的作者一般都是文人雅士，用词高雅深奥，用典深僻隐晦，又缺乏创新力，常常落入文人雅士自我欣赏的窠臼。因为它太高雅，太精致，百姓难以接受，脱离了社会的一般欣赏水平，自然被那些通俗易懂的其他剧种所代替。

要避免精致课的误区

真精致，况且会有如此结局，何况现在我们有些人追求的、展露的往往是课堂教学的假精致。出现这一现象的原因是多方面的，也不仅仅是教育自身的问题。一般教师往往误认为精致就是雕刻、雕琢。我看到有些学校喊出的口号是"精雕细刻每一堂课，向高效课堂要质量"，也不能说错，可总感觉哪儿不对。对精雕细刻怎么理解？又怎能做到每一节课都如此？标准是什么？其实，他们的指向很明确，就是要"高效"。什么样的"精雕细刻"才是高效？"高效"的落脚点是"质量"，这"质量"的内涵是什么？有些校长不管过程，只看结果，而且他的"质量观"是模糊的，两类结果他都要：考试能考好，出去评奖能为学校争荣誉。

有些学校、有些人追求精致，进入了误区。比如，校长要求老师的课要精雕细刻，教案也要写得完美。教案写得好，与上课上得好是两回事，虽然有联系，但绝不等同。有人以为，多就是好。教案也不应写得太多、太详细，写教案只是上课前的预热。上课不是完全教案的呈现。备课应该要想到课堂上的各种可能性，却不可能全盘预设。如同旅游，事先做功课，了解大概，有一条线索，有一个方向，而不是按图索骥，亦步亦趋，不越雷池一步。因此，我也反对以查教案作为考核教师上课的重要内容。

极致的功利，对完美的歪曲

所谓的"精雕细刻"只是朝着高效奔去。但随之带来不正常现象：做作、矫情、卖弄、摆显。不纯粹的动机，导致不正常的行为。表象的热闹，浅层次的生动，简单问题复杂化。面面俱到，是对完整的片面化理解；无宝挖地三尺，是对深刻的误读。程式化、表象化、表演化出现了，不以为丑，反以为美。这一切都笼罩着功利化的气息。极致的功利，是对完美的歪曲。

完美的往往是假的，假树假花，没有瑕疵，没有枯枝败叶，最动听的话，往往也是假话，这是常识，为何我们经常忘记常识？因此，我可以肯定地说：完美的课一般也是假课，不真实的都是假的，而假是教育的死对头，要不得。文章开头我说，有些老师觉得越来越不会上课了，其实是说，他们不会上做作的课、表演的课，即假课。

做老师的五个关键词

这是一个永恒的题目：年轻人怎么做老师？教师队伍与世界万物一样，是一个不断吐故纳新的过程。新教师就像春风春叶一样，正在以全新的姿态自然地生长，他们是希望。"年轻老师做老师有什么关键点"这个题目永远都在讲，不过，我再说说也无妨。

原创：教师的核心素养，保护与坚守

做教师最怕平庸。做教师第一步没有迈好，就有可能在教师岗位上平庸一辈子。平庸的老师思维有定势，日复一日，丧失热情，不思进取，当一些显性的目的达到后，渐渐出现职业倦怠。按部就班、得过且过，状态看似正常，其实每况愈下。

为避免出现这种状况，年轻老师保护与坚守自己身上的"原创性"十分重要。要想把学生培养成创新人才，老师自己首先要是一个创新人才。在教育教学中养成求异思维的习惯，处处能立新意，时时显示出自己是一个朝气蓬勃的人，在新思想下有新作为，包括"道"的层面与"术"的层面。当下教师队伍呼唤这样的老师，这样的老师越来越多，教师队伍才能始终充满活力。

日常：教育不能成为摆设、表演，自然是最好的状态

做老师一开始就要有"高标准"。做老师要做"良师"，所谓"良师"是指一种始终有高境界的人。高境界不是体现在一时一事，不是体现在一个特殊的、公开的教育活动中，而是体现在日常的教育教学生活中，一切都是自然地呈现、表达。

评价教育教学的成就、成效、成绩，不能以一些比赛性、竞赛性、表演性成果为重要指标。这些老师需要拥有，但绝不是最重要的东西。对老师来说，最重要的是上好每一堂日常的课，包括备课、批作业、课余辅导；组织好每一项教育教学活动。不做作、不雕琢，在日常不经意中，呈现自己的教育境界，即做真人，做真老师，以自己是真人真老师的形象，践行陶行知的"千教万教，教人求真"的教育主张。

细节：做每一件事都力求完美

做一个注重细节的老师，就有可能成为一个完美的老师。都说苏

州园林美，有意境，一方小园子，却咫尺山水。在任何一个点上望出去，看到的都是一幅美景。苏州园林为何能达到这个境界？因为它讲究细节，任何一个角落，都以美呈现，我们老师可以从中得到启发。

注重教育教学的细节，首先自己是一个讲究细节的人，包括衣着，上课的姿态、表情、语言等。教师注重细节，更要注重教育教学过程的完美，有些老师教育教学最终的效果可能不错，可是追求结果的手段往往是不美的，甚至是丑陋的。教育教学的过程是由无数的细节组成的，每一个细节做好了，整体还会不好吗？老师要有恒心、要有毅力，并以审美的眼光统领自己教育教学工作的整体发展。

绝活：做一个有特长的人，显示自己独特的意义

做一个有魅力的老师。老师的魅力来自哪里？来自老师的内在的品质，所谓人要有内涵。这种内涵不会是划一的、一个标准的，而是千姿百态的，每一个人都有可能呈现与别人不一样的光彩。我称之为"绝活"，即自己的特点、个性、特长，可以是自己的专业、学科上的某种优势与专攻，也可能是自己的某种爱好。

不可取代性，是人立足或立身之本。现在没有个性特点、兴趣爱好的老师太普遍了。人生需要丰富，人生需要阅历。有兴趣爱好，并使之成为"绝活"，你就有可能成为一个有趣味的人。有趣味也有情趣，就能受学生喜欢，受学生"崇拜"。我以为一个能够受学生喜欢崇拜的

老师，一定是内心丰盈、明亮的人，这是与时俱进的好老师的重要标志。

跨界：仰望不同的方向，视野很重要

新时代的老师要有新时代的特质。不同学科、专业等领域，相互开放、打开、融合已经成为必然的趋势。老师不能只局限在自己的学科领域里，而不问其他。老师要有"跨界"的视野与能力，我称之为站在"边界"上思考问题，提倡发展"跨界老师"。它的本质是整合、是融合，是通过自身资源的某一特性，与其他表面上不相干的资源，进行随机地搭配应用。

有成就的老师往往都是"跨界"的。不仅现在是这样，历史上也有成功的案例。如此，一个人的视野才会不一般，才会突破原有的桎梏。比如叶圣陶一边教书，一边写小说，在语文老师与作家之间行走，在教育与文学中"跨界"，他的文学创作的实践，为他做一个好老师、成为一个教育家赋了能，叶圣陶的成才经历为做一个"边缘、跨界"老师打开了一扇窗。

怎么做老师？我们在各种教科书中都能找到答案，各种法规文件中也都有具体明确规定。为何还要讲呢？那些教科书、法规、文件讲的是共性的东西，而每一个老师都是具体的，具体的人都是有特点的。因此，我所说的年轻老师怎么做老师，就包含着如何做一个有特点老师的含义。我以为做老师，要有爱心、有情怀、有智商、有情商、有专业水平、有丰富的学科知识、有较强的教育教学能力，这些都属于共性的素养、素质。但仅仅有这些，是不够的；或者说，拥有这些素质、素养，还要有相应的展示、实现的途径、方式、方法。从我的个人经历、经验出发，我以为抓住"原创""日常""细节""绝活""跨界"这几个关键词，十分重要。

老师不是演员

如果我问这样一个问题：孔子是一个好老师吗？有人一定会马上反问我：万世师表还不是好老师？我可以再问：一个没有发表过论文、没有课题、没有评优课获奖的老师，是好老师吗？有人一定只能说：不是。我又会反驳：虽然没有这些，但不影响他是好老师，因为孔子也没有这些。

孔子没有论文，一部《论语》只是他弟子对他说过的话的记录，没有整理成文，《论语》放在今天，我敢肯定，参加任何教育类论文评奖都是评不上的；参加任何教育科学课题成果鉴定都是通不过的，因为它零碎、不成体系。孔子没有任何评优课获奖，从现代视角说明没有任何好课。孔子是"三无老师"：无论文、无课题、无好课。那么，我要反问：一个"三无"老师、一个评不了高级、特级、教授级的老师，在学校没地位，学校也不能靠他形成品牌，于当下真的能被大家信服，被称为"好老师"吗？

有的老师，为了多一点论文、为了有各级课题、为了获得评优课的奖项，而不懈努力。遇到公开课、评优课等有证书的课，全力以赴。这本不错，问题是老师常常上"假"课。何为"假课"？平时从不这样上课，只是为了去获得"荣誉"、去评奖而上的课。精心准备，反复预上。如同演出节目，反复"排练"。据悉，某次某省的某项学科竞赛，某市的参赛老师经过28次试讲、操练，最终获得成功。这本也不错，利用竞赛的契机，有了动力，实施一次非常的"探索"，对提高教学技艺是有益的。可是，这样的努力仅仅是为了"获奖"，直奔目的地而去，获奖之后，又回到原地。原来怎么上课，还是怎么上课，没有丝毫的改变。为何不改变？因为这样的获奖课，中看不中用，既费力，效果也不好。所谓效果，指的是对考试提高分数有效，如此这般的"劳民伤财"，谁还会去坚持推广？

教师首先应该是一个真实的人，应该呈现自己最真实的一面，对孩子来说，那是阳光雨露。陶行知的名言"千教万教，教人求真"，与今日对照，我们是否感到惭愧？如今，不真实，是学校教育的大问题。老师的真实，在哪里？真实的老师是什么样子的？老师不上真课，上假课，不上"真教育"的课，上背离教育本质的课。不讲真话，说教多。缺少真性情，即使有真性情也不轻易表露，总穿着一件"外套"，甚至把自己的脸也蒙上。

在当下的社会背景下，学校、老师喜欢"表演"。表演本身没有问题，表演也是艺术，表演也能呈现境界，教育教学也离不开一定的好表演。可表演需要特定、特殊的场合，不能时时处处表演，教育的日常状态更不能是表演状态。表演过度，就脱离了生活的本质；教育表演过度，更是脱离了教育的本质。要做一个"真老师"很难，却实在是很重要的事，在孩子们面前，任何"表演"都是要不得的，那都会对孩子们造成伤害。

教师与演员，是两个完全不同的职业、社会角色。演员台上演出，通过艺术，表达的是事物的本质、本意，而教师一旦在教育教学岗位上表演，则是对事物本质、本意的一种反叛。教师一旦以"演员"的角色进入教育、教学的现场，则无疑如雾霾会给孩子们以无穷无尽的慢性毒害。

老师不是家长

我一直认为，学校就是学生的另一个"家"，老师就是另一个家里的"父母"。我反对学校分教职工食堂，我反对师生分厕。我的理由是：师生平等。我的解释是：古今中外有哪一个家庭，父母的卫生间，子女是不能进去的？古今中外有哪一个家庭，有一张父母的专用餐桌，子女是不能坐上去的？曾到过一所学校，学校没有能容纳所有师生共同用餐的食堂，餐区很小。为保证师生同餐，每天几个班级轮着与老师一起同桌共餐。学生排队，老师也排队，老师在窗口点餐，学生也在窗口点餐，其乐融融。除了正常的轮流进食堂进餐，还留出一个班的空间，奖励表现特别好的班级，这些班级或获得了特别表彰，比如竞赛获了奖、社会实践活动有创意、考试获得了第一、整体与单项进步优异，他们能进入食堂与老师共进午餐，这是一种荣誉，学生特别高兴。家长告诉我：能进食堂午餐的那天，孩子会特别高兴、情绪特别好。学生与老师一同午餐，创造的是一种氛围，"家"的氛围；创造的是一种文化，师生平等的文化。记得有一年，安徽省有一所升学率挺高的学校，那年高考结束后，校长领着高三全体老师来我们学校参观、交流，我讲了我的"食堂观""厕所观"，我强调不设立教师独立小食堂的做法与意义，不料得到来宾的高度认同。几年之后，在一次全国会议上，我又遇到这位校长。她说：回去之后，老师就催促校长关闭了教师小食堂。

但是，什么事情都不能绝对。不错，学校是学生的另一个"家"，教师就是另一个"家"中的"父母"。我一直在提倡，为的是一个"爱"字。学校有爱，老师有爱，这是办学成功的一个重要标志。但是，这个"家"，与学生日常生活的家还是有区别的；老师像"父母"，与学生真正的父母还是有区别的。这种区别，是无论如何也弥合不了、取消不了的。从本质上讲，学校是学校，家是家。父母是父母，老师是老师。角色不同，作用与特征也不同，谁也取代不了谁，大家需要在各自的角色定位中，发挥积极的作用。老师不是家长，老师不能替代家长。可现在有的学校却大包大揽，把本该家长做的，揽过来自己做了，本该家长承担的责任，自己主动地扛在肩上了。家庭生活是不能缺少的，父母的日常陪伴是不能缺少的，家庭、父母所创造的氛围是不能缺少的，家庭的爱、父母的爱是任何人都无法替代的。再如，晚自修，对走读学生而言，在校时间是有严格规定的。国家规定的在校时间，体现了国家意志，更是符合学生身心发展的规律。但是，有些学校不放心家长，担心父母管不住，怕学生回家后学习效率不高，下午放学了还把学生关在教室内，在老师的辅导或看管下，度过每一个傍晚时光。能与父母一起吃晚餐是一件美妙的事情，餐桌上的交流是天伦之乐的交流。孩子做作业，父母在一边陪伴，那是最温馨的时刻与场景，那是孩子最放松、最安全的"港湾"，这样的场合，这样的角色，学校能替代、老师能替代吗？

现在，学校与家庭关系经常错位，老师与家长的关系也经常错位。老师每天布置作业，不直接布置给学生，而是布置给家长，家长每天在手机上，接受老师布置的作业。按老师的要求，家长天天做家庭教师。每一张练习卷、考试卷要求家长签字，不签字过不了关，学生会挨骂、家长也会挨骂。本当是学校的事情、老师的事情，却转嫁给家长。

家长成了老师、父母成了老师，令人啼笑皆非，不可理喻。这是错位，错位就是不讲规矩、不讲规范、不讲规律，不问过程，只问结果，导致教育疯狂，校园疯狂、课堂疯狂、家庭疯狂。致使孩子背离本性，畸形发展。

怎样才能培养出苏轼这样的学生

最近，看苏东坡的诗文，也看林语堂的《苏东坡传》，我有一个体会：我们不要太在乎考试的形式，包括高考、中考。老师与家长在孩子考试前、考试时焦虑：担心考题难不难啊、偏不偏啊，怕考生没学到、没复习到。看了苏东坡如何考试，如何在考场上应对，我感觉到，我们今天的教育确实需要改一改了。

大家或许都知道这则故事，苏东坡考试杜撰典故，蒙住了老师。欧阳修任主考、梅圣俞为副主考，礼部省试。试题是《刑赏忠厚之至论》，要求论述古代君王奖惩赏罚都本着忠厚宽大的原则。考题比较难，考综合能力，要有理论知识，有自己的思想，还要有论述技巧。苏东坡那年22岁，才气纵横。他认为：在赏忠之时，宁失之宽厚，在罚罪之时，当恻然有哀怜之心，以免无辜而受戮。这是观点，然后摆出论据。他举了"尧与皋陶"的故事以佐证，写道："当尧之时，皋陶为士，将杀人。皋陶曰杀之，三。尧曰宥之，三。"

林语堂在《苏东坡传》中写道："这几句对白读来蛮好，显示贤君亦肯用不肖，使之有一展长才之日，这种史实颇可证实明主贤君用人之道。判官梅圣俞阅卷至此，对尧与皋陶有关此事之对白，不敢公然提出查问，因为一经提出，即表示自己对年久湮没的古籍未曾读过。苏东坡因此才得以混过。"

考中，发榜，一切都很圆满。一天梅先生问苏同学："你考卷中尧和皋陶这段话出处哪里？我一时想不起在何处读过。"苏同学只能承认："是我所杜撰的。"

梅先生大吃一惊，竟然不生气，还很开心，欧阳修知道了，更是大加赞赏。两位老师认为，苏同学真是聪明，按照自己的行文情景，"创造性"地"虚构故事"，虽不是实有其事，可本质真实，该有其事，合情合理，令人信服。这段杜撰的文字，大意是说：尧帝时期，有一个司法官叫皋陶，他判了一个人死刑，尧帝赦免了这个人，皋陶再判他死刑，尧帝又赦免了他，如此三次。从此，天下惧怕皋陶严厉的执法，喜欢尧帝宽厚的仁心。苏东坡说："帝尧之圣德，此言亦意料中事耳。"入情入理摆事实，让大家深信不疑，真是善于运用知识，把书读活了。

这事写在正史里，很可信，我不仅仅被情节所吸引，还进一步思考：我们该做什么样的老师与做什么样的学生？欧阳修、梅圣俞有自己的人才观，他们喜欢思想活跃、有创造性思维的学生。只要是人才，任何问题都可以通融。欧、梅两位先生的思想，比我们现在的许多老师都要解放，当下有多少老师允许学生杜撰历史并煞有介事地论证一番？一旦发现，扣分，甚至零分处理都有可能。还会美其名曰"严谨"，按规则办。假如，苏东坡于省试中被处理（处理他完全有理由），还会有以后的苏东坡吗？没有苏东坡，苏洵、苏辙也很难说了，他们三个的发展是连在一起的。

据说，欧阳修后来判卷时也读到苏同学的试卷，大为惊讶。不过以为是他的学生曾巩写的。本来该文是第一名，有意放在了第二名，以避嫌。欧阳修的襟怀如何？欧阳老师说：写该文的人以后肯定独步天下。还说：我要避开一条路，好让他出人头地。并预言：三十年后世上都不会再有人提到欧阳氏的名字，人们只知道苏东坡。

"欧阳修为当时文学权威，一字之褒，一字之贬，足以关乎一学人之荣辱成败。"这是林语堂在《苏东坡传》中说的话。殿试，苏轼、苏辙双双得中。仁宗很满意，他高兴地对皇后说：今天我已经给我的后代选好了两个宰相。可见，苏东坡脱颖而出时之厉害。宋仁宗是一个了不起的人，范仲淹、欧阳修、王安石、苏洵、司马光、苏轼、苏辙、曾巩等中华文明史上的超一流的大家，都是在他任内被发现而发展的，没有他的开明或许也就没有他们的涌现。

我又想到：我们该怎么应对考试？作为考生该如何准备？准备什么？苏轼的案例给我们启发：无论什么样的考试，考生都能考出水平来。苏轼曾坦言，为了应对，确实经受过专门的模拟训练，往届科考的试题做了不少，如《儒者可与守成论》《物不可以苟合论》等，都是历届的科举考试题目。没有这些"专攻"，是拿不到进士及第这个敲门砖的。但是，苏轼不仅仅只有应试的能力，他一直保护着自己身上最宝贵的"原创性"。不可束缚，随心恣意。能临场发挥，编出尧与皋陶的那段典故，即是例证。年少时的苏轼绝不将所有的学习精力，都投入到举业中去，正因为他的"三心二意"，又帮了他应举的大忙，两者相辅相成。

  我们怎样做老师？教出像苏轼那样的学生？（哪怕有一点点像也好），怎么教他们？学习不是死记硬背，不是记教条。发展创造性思维，锻炼想象能力很关键。不拘细节、小节，从大处着眼，对思维活跃、想象力超常的学生，不能囚禁了他们的思想；对才华横溢的学生，不能给他们筑坝。沧海横流，方显本色。如此这般，无论什么样的考试，哪怕它形式不好、题目不好，都无关紧要，对一个有才情的人来说，这都不是事，重要的是我们老师如何保护好学生的这种才情。

第四辑

呼唤更多的好校长、好老师

唐江澎：网红校长的教育力量

2021年3月全国"两会"期间，江苏省锡山高级中学的唐江澎校长，在"委员通道"上接受采访，说了一番话，短短几天点击率累计达一亿。用他自己的话来说，他说的都是"常识"。他说了哪些"常识"？培养终身运动者、责任担当者、问题解决者、优雅生活者（简称"四个者"），这是对培养目标的个性化表述；没有高考过不了今天，仅有高考好不了明天，这是实现教育目标的策略思考与选择。

为何唐江澎校长的这一番话，能激起这么大的反响，得到那么多的认同？正如唐校长自己所说，只是"常识"，不深奥，也不时尚。我也认真琢磨这两句话："四个者"好像还不在一个逻辑起点上；过得了今天与好不了明天，这句话也不新鲜，十多年前校长圈里就流行了，我还一度反感，感觉这是为应试教育找借口。"网红"事件后，唐校长自己也在思索，他说，在那样的场合，不能说得太专业，通俗易懂就好，事实证明他的选择是正确的，他善于表达，做到了深入浅出。

唐江澎校长成为"网红"，顺应了民心民意，他把人们忽略的"常识"，找出来，重新提升了高度。唐校长提出"四个者"，把"终身运动者"放在第一位，有人不解。毛泽东主席提出"三好"，不是把"身体好"放在第一吗？古希腊人也不是"把野蛮其体魄"放在第一吗？锡山高中的办学传统也是如此，"匡村时期"颁布的"十大训育标准"中就把"锻炼健康强健之体魄"放在首位，唐校长只是回归了传统。

这样的话，由唐校长说出来，并产生巨大的影响，是历史与时代赋予他的责任。古人认为成事有三个要素：天时地利人和。唐江澎是全国政协委员，又在两会时间，他的这个话题，又是老百姓最关心的事情，民生大事，在最适当的时机、最好的表达平台上表达，是天时地利。不过，基础教育界的两会代表、委员也不只是唐校长一人，为何只有他如此被青睐？其实，他是用了一生的准备，作了这次精彩呈现：他用他的思想、理念，用他的实践、做法，表达的正是人民群众所渴望的、向往的、追求的，因而被聚焦是必然的。

许多人做教育，只是在自我的圈子里自得其乐。唐校长从教育内部走到教育外部，又能及时被民众普遍认同，几乎刮起了一股"唐旋风"。在教育内部发声是重要的，能够走到教育外部去发声更为重要。教育需要被理解、需要获得更多的外部支持与激励。唐校长获得了在"国家平台上"上发声的资格，又能及时发声，用王湛在《好的教育》序中的评价叫"教育的好声音"。王湛是一位专家型领导，曾担任国家教育部副部长、江苏省政府副省长，在不同层面主管教育或基础教育，他的态度，一定程度上可以代表官方。

陶行知曾对校长说：国家把整个的学校交给你，你要做整个的校长。唐校长的教育实践，证明他在校长的岗位上做的是"整个的校长"。做到这一点是不容易的，当下许多人只是做了"部分的校长"。什么叫"整个的校长"，也就是说，在他主政下，师生在学校能过着一种完整的、丰富的、幸福的学习生活，而且是日常的。我多次去锡山高中，那里几乎每一个角落、每一个瞬间，都在做着"人的成全"的事。他们做的是活的教育，践行的是陶行知的生活教育，学校创设社会情境，社会上有的，校园里也有。有一个细节，校园里开办超市，卖书，没有售货员，拿书付费，钱就放在钱盒子里，也不装摄像头，不用监控。这个细节让我动容，体现了教育的价值导向。当整个社会布满了摄像头的时候，这个校园书店，展示了独特的意义。我们教育孩子，不仅仅能适应社会，更能够在未来能够引领社会。诚信是做人的基本准则，缺失了它，那怎么谈得上"全人"？

唐校长是当下能做"整个校长"不多的人之一，他在微观的最基层的领域——学校，践行民族教育的愿望。许多人主观上也有这种愿望，但是达不到他的这种现实境界。唐江澎身上还有一个显著的特征：他的专业素养、专业智慧的高超。他是一个聪颖的人，中央电视台主持人董倩说他有"抵达目标的智慧"，这个评价是公允的。无论是在学校发展目标、实施途径、策略方法等确定与选择上，都显示了他的大智慧。《好的教育》第一部分"面对面的答问"，收集了几场重要的采访实录，无不显示了这一点。唐校长是语文老师，这是在他众多的标签中，他自己最看重的一个。他是一个十分优秀的语文老师，他的素养极佳，我听过他上课，他的课有一种迷人的理性兼备感性的力量。他是苏教版语文教材的主要编写者之一，他是部编教材的审定人，他对语文的理解、对课程的理解、对课堂的理解，深刻而直达核心。

唐校长深谙中华传统文化，得中华传统文化之精髓。他在全国两会上的采访所发表的对应试教育与素质教育关系的阐述，即是"中庸"哲学——善于中和、善于协调，甚至妥协。他也抓升学率，只是能把握住度。他利用110年校庆，集中邀请了108所高校的200名校长、院士与招生人员到学校，听他作《改变教育，在我们的一念之间》的演讲，除了为高中与大学的有机衔接之外，也为维护与高校通道的畅通而宣传。

不要小看这类的"亮相"，这是"唐江澎的力量"。早在十多年前，国家开始提倡"教育家办学"，教育部中学校长培训中心，开始举办全国优秀校长高级研修班，期间组织了部分学员的"教育思想研讨会"。2010年10月教育部中学校长培训中心受教育部人事司委托，举行了首次研讨会，共七位校长主讲。"人民教育家论坛·唐江澎教育思想研讨会"，是其中的一场。全国百余名优秀校长莅临省锡中参会，唐校长作了主题演讲，时任教育部中学校长培训中心主任的陈玉琨教授、时任江苏省教科院院长的杨九俊先生作了精彩点评。陈主任的题目是《坚守是一种智慧，一种追求》，为唐校长的"百年坚守"喝彩，所谓"百年坚守",坚守的是一种优秀的学校文化传统,坚守的是"人的教育"的价值观。杨院长点评的题目是《江澎的力量》,从唐校长是陕西人说起,说他是从唐朝走出来的,有一种洪钟大吕的味道,有种"盛唐气象",说的是唐校长,也说的是唐校长的学校。因为坚守,所以才有这样的所得。从十年前的专家评价,到今天的社会好评如潮,一脉相承。

要了解唐校长可以去他的学校,也可以读他的《好的教育》,里面有答案。《好的教育》还收集不少领导、教育专家、社会名人、家长、学生的评价与感悟性文字。胡金波用四个字评点:"魂、正、美、新",说到了根本处。胡先生是当今南京大学的党委书记,曾为江苏省教育厅主管基础教育的副厅长。顾月华说唐校长是递交了一份人才培养的沉甸甸的答卷,顾女士现为江苏省教育厅副厅长,主管基础教育,她一直对唐校长信任有加,在她担任苏州教育局局长期间,曾邀请唐校长主持对苏州十中的督导评估,唐校长督导中找所有中层以上干部谈话,一个个单独交流,很实在地对"最中国的诗性教育"作了精当的指导,我们直接感受到了他的敏锐、深邃,记忆犹新。《好的教育》字字珠玑,我尤其喜欢《教育让心飞起来》,写的是他的身世、高考前后的经历、心路,里面蕴藏的却是他的文化基因。

孙先亮：终身教育的践行者

青岛二中是全国素质教育的典型，她以历史文化深厚、办学思想纯正、教育质量高而声名显赫。前几天，该校校长孙先亮由于年龄原因，离开了校长岗位，学生不舍、家长不舍、老师不舍，出现了令人感动的一幕：孙校长撰文《我心依然》，发在公众号上，表明心迹，与大家告别。文字间满满的都是情意和不舍，他已经与青岛二中化为一体了，他已经与师生融为一体了。师生、家长纷纷留言，一段段留言，就像一束束鲜花，将文章簇拥着，令人动容。

一、一个受学生空前爱戴的校长

一个校长能不能受人尊敬、爱戴，在于他平时在学校里的一言一行，在于他的思想。在岗时别人如何评价不重要，离岗后的"口碑"才是人们对他真正的认可、赞赏。《我心依然》文后，师生是这样留言的：

"世界很小，二中很大。我们奔向五湖四海，心里承载着终身发展的自我目标，一步一步仰望星空脚踏实地，怀揣着二中人的信念砥砺前行。毕业多年后依旧时常梦见在慈龟山下、静思湖畔度过的青春韶华，单纯的人们在最美好的年纪努力奋斗提升着自己，也遇到了生命中最可爱的老师同学，就算是各奔东西也总能在某个时刻某个地点一同回想起往事岁月，约定着下次见面聚会的种种。愿未来的我们再重逢时，能回到那个山海相逢的校园，一起讲述着属于我们的那个时代。"

这是留言区的第一条留言，我把它摘录在这里。这条留言中没有一句直接赞颂孙校长的话，但都是饱含感情的对孙校长办学的充分肯定。一个好校长就是一所好学校，一个有境界的校长就是一所有境界的学校。"世界很小，二中很大"，这是无可比拟的对二中的赞美，整个世界都不如自己的母校，可见母校在学子心中的影响。为何有这么大的影响？是因为那三年是完整的、丰富的、美妙的校园生活，"回到那个山海相逢的校园，一起讲述着属于我们的那个时代。"留言区满满的都是学生发自肺腑的赞美和真实情感的表达。这是对孙校长办学的肯定，更是对孙校长人格魅力的肯定。

有一个细节令许多同学念念不忘，或盼望渴望："我们经常挂在嘴边，自己是校长的小迷弟小迷妹，毫不夸张地说，您是我们全体二中人的偶像。每年看着毕业典礼上您给每一个学生鞠躬，和他们拥抱，我的心中都特别感动，我在憧憬自己参加毕业典礼时会是什么样子，我要向您深深地鞠一个躬,要把对您的崇拜告诉您,要和您合影拥抱……本来以为您要和我们一起'毕业',只可惜高三这年我们要独自面对了。"

这是一个在校生的留言,写得很感性,温馨而有些伤感。校长亲自给每一个毕业生发毕业证书,给每一个毕业生一个深情的拥抱,对孩子们来说竟然这么珍贵:"我们终将会忘记曾经背过的公式和提纲,但每一个二中人都不会忘记毕业典礼上孙校长的拥抱。"这个毕业典礼上的细节铭刻在一个又一个学子的心里。孙校长之所以有这么大的魅力,一位校友说得好:"倘若应试教育的黑夜没有炬火,您仍是唯一的光。"孙校长是应试教育黑夜里的火炬,即使其他的火炬熄灭了,他仍然在那里发光,照耀孩子们前行之路。

二、一个执着坚守教育高地 21 年的校长

孙先亮在青岛二中这所学校担任了 21 年校长,一生好像就是为做这一件大事而来。他在《我心依然》中深情地回顾:"我是如此幸运,能够在这样一所享誉中国乃至世界的名校终生为之服务;我是如此幸福,陪伴优秀的同事们穿过了一道又一道山谷,一次又一次地超越了时代,登上一个又一个的巅峰;我是如此骄傲,与才华绝伦的二中学子相伴一个又一个三年,你们丰富了我教育的爱与智慧;我是如此自豪,与理解并支持二中教育的优秀家长们,一起交流与探索学校与家

庭教育的共舞,升学教学与素质教育的平衡,共同为孩子们撑起了天赋自由绽放的天空。"这是自白,也是自我评价,交代清楚了自己与学校、与老师、与家长、与同学之间的关系,同伴与共生、共长。

孙校长是一个理想的完美主义者,他一旦认定的主张与道路是不会轻易放弃的,尽管也会沮丧、也会失落,但是他在自我调节与听取了老师的意见后,"我心依然"。他说:"曾经,二中的素质教育受到了激烈的批评,遇到前所未有的挑战。我徘徊过甚至想到了辞职,寝食难安的时日,是老师们'坚持不动摇'的信念鼓舞了我,是老师对课堂教学持续改革的热情坚定了我。曾经,我不知道该走向何方时,是老师的意见和建议拨开了迷雾,让我有信心为老师们的智慧承担起自己的责任;曾经,当学校的改革创新遇到阻力和压力时,是老师们用实际行动支持,让我有勇气把教育创新的使命履行下去。"这里省略了许多具体的事例,这里也有许多潜台词:他也有许多委屈和遇到的挫折。这需要多大的勇气与坚韧不拔的牺牲精神。

我曾经是孙先亮的同学,我们在2009年一起参加了教育部中学校长培训中心举办的全国优秀中学校长首期高级研究班,兼职学习三年。我们了解孙校长,他在班级经验分享时说过一句话:我们不能以牺牲当下学生的童年、少年,来换取他们所谓幸福的明天。在十多年前能这样说是了不起的,现在已经成为一句名言。纵观这十多年来孙校长办学的言行,果真如此,所以才会在今天获得满堂喝彩。

三、一个任由眼泪决堤般地放纵的校长

黑格尔有句名言：用感性表达理性或理念便是美。孙校长即是如此。他在《我心依然》中用感性的方式表达他的理性。他卸任了，师生的情意也让他情不自禁地表达："这一段时间以来，我深深感动于各位对我的关爱与留恋，许多次我让自己原本只是潮湿的眼睛，任其决堤般地放纵。"他以自己决堤般放纵的眼泪，表达自己的感激、感恩，也以其表达自己的信念："每个学子都应当得到最好的培养。"这是他从做校长之时起，就坚定了的办学主张，这是孙校长"终身发展"教育的理想，因此，他说：

"打造全面发展、个性发展和主动发展的教育平台，就成为我的教育自觉。伴随时代改革的大潮，我把自己对教育改革的思考，聚焦为对学生人性价值、内在潜质和发展需要的研究，把尊重激发学生与创造自主发展、个性发展、创新发展的开放环境融为一体，升华为'自主、开放、创新、卓越'的'山海文化'。"

这段话很重要，这是孙校长 21 年办学思想、教育理念的结晶。孙校长的践行"终身教育"的可贵之处，是为学生的幸福"奠基"，"二中三年，奠基学生未来三十年"，学生在二中校园里，独立思考、彰显个性、赋能未来。

孙校长追求的是：二中教育的价值，要在师生身上获得最好的回

应。事实也是如此，正如一位校友留言："在二中三年才真正明白并坚信，学习的目标从来也永远不是应试，而是成为终身发展的生命主体。"紧接着他又说，"在二中这三年，校长似乎从来不是一个离学生很遥远的职务，校长是教室后面听课的板凳，是我们手中用来学习的 ipad，是食堂里时常出现的身影，是偶遇时一句'饭后别急着吃雪糕'的唠叨，是校园生活的点点滴滴。"说得很到位，孙校长推行他的理念，不是靠说教、不是靠说大话，而是在校园的每一个细节处，在与学生日常交往的每一个动作、眼神、言语中推行的，是有温度的，不是漠然的。

最后，再引用一位校友的留言，结束本文："感谢在二中遇见孙校长，有您，真好！"我也套用一下："感谢在教育部校长培训中心遇见孙校长，有您，真好！"

李金初：人生中心教育的创建者

李金初，在教育界大家对他并不陌生。假如是一个有教育理想追求的校长、老师，都会记住他，特别是在北方、在北京更是如此。我与他相遇、相识时间并不长，那是在2018年秋天，中国教育报刊社组织"送教行"活动，请了三位专家，我和他都受邀参加。我们在湘西"十八洞村"相遇了。李金初年龄八十，精神矍铄。他自身就是湘西人，湘西老人到了老家，格外热情、激动，讲座思路敏捷，侃侃而谈，那样的状态令人羡慕。从此，我们成了微信好友。今年春节，他突然问我要了通讯地址，说要寄一本刚出版的书给我。不久，我收到了商务印书馆出版的《人生中心教育概论》。

读大学的时候，我经常读"概论"，比如文学史概论、语言学概论、教育学概论，等等，说到概论，都是学问，而且是系统的、全面的，又是提纲挈领通俗易懂的理论著作。我经常出差，旅途中要看书，一般都看轻松有趣的书，这次我却带了《人生中心教育概论》，准备费点时间啃一啃。

一、生命的丰碑：两所学校、一套理论

李金初是谁？打开《人生中心教育概论》，封面内折上写道："1939年出生，1964年毕业于北京师范大学。北京市十一学校原校长，现为北京市建华实验学校董事长。主持国家级、市区级课题多项，出版《平生只想办好一所学校》《一个校长的教育创新思考》《人生中心教育论》《自创性人生中心教育论》《人生中心教育课程论》《人生中心教育课程实例》等专著八部，发表论文数十篇。荣获'全国教育系统劳动模范''全国先进教育工作者''北京市中学模范校长'等称号。"这段文字，提供了这样一些重要信息：他是我们的前辈，是科班出身，有理论与实践建树的校长。

翻开书，赫然是两位教育大家作序：一位是著名心理学家、北京师范大学资深教授林崇德；另一位是国家教育咨询委员会委员、国家教育考试指导委员会委员谈松华。林崇德说："本书用逻辑严谨的命题形式，以八章十万余字，简明扼要地向广大读者，尤其是从事中小学教育与教育理论工作的同仁，献上了一份人生中心教育思想大礼。"评价此书为"思想大礼"，当下，中国教育界，中学校长中有谁能献上"思想大礼"？谈松华说："我相信，李校长《人生中心教育概论》的出版以及他的探索精神，会激励更多的教育工作者直面中国教育的现实问

题，不断进行理论和实践创新。"他评价这本书"直面中国教育的现实问题"。确实，李金初看问题的准确性、深刻性，书中随处可见。

李金初在北京十一学校做了二十年校长，可以说是一个传奇，是当时中国最有改革精神的校长。中小学进行国有民办的办学体制改革的探索是从他那里开始的，影响了全国千万所学校。要知道20世纪90年代是"我国教育投入极其短缺的年代，他在不增加政府投入的情况下，将一所旧的普通中学改造成一所传承优秀传统文化、充满现代化气息、追求卓越和学子争相求学的名校"（谈松华序）。中小学第一个建立博士流动站的就在李金初的十一学校。他还在教学和育人模式上进行了许多大胆尝试，比如分层教学等。无论在体制机制上，还是在课堂、课程上，都可以称他为方向性、引进性的教育改革先驱。退休后他继续在北京建华实验学校担任校长、董事长，那是一所没有多少生源优势的学校，他又一次在新的高度沉下心来，做真正意义上的教育，孕育了他的"人生中心教育"。

两所学校的办学实践，奠定了李金初的"人生中心教育"——一套完整的教育理论。这是我们许多名校长所达不到的理论与实践高度。今天人们说到北京十一学校，只知道李希贵，却不知道李金初。实事求是地说，没有前面的李金初的北京十一学校，就没有后面的李希贵的北京十一学校。李希贵对北京十一学校的贡献，是有目共睹的，有他的超人与非凡之处。但我们不能忘了，是李金初最先"创造"了十一学校，他浓墨重彩地烘托了李希贵出场。

二、人生中心教育的价值：对当下中国教育的贡献

翻阅了《人生中心教育概论》，我感觉能够构建这样完整的体系的人，应该是当下校长队伍中的翘楚。十多年来，我国提倡教育家办学，从国家层面到省、市、县、区层面，都在培育、培养、培训。特别是教育部中学校长培训中心，有方案有计划有步骤，培训了许多优秀校长。培训时要求校长对自己的办学实践进行梳理，对自己的办学理念与思想进行概念化、体系化，提升了无数校长。我有幸也参与其中，我是首期"高研班"学员，今天对照李金初的《人生中心教育概论》，真是惭愧，这是一本有理论价值的书，是真正有学术贡献的校长自己写的书。

李金初贡献了一个教育概念——人生中心教育。什么是美好人生？李金初认为：任何人的一生有而且仅有三项内容——做人、做事、生活，并称之为人生内容原理。由此可以得出：人生的最高目标就是优秀做人、成功做事、幸福生活，可以称之为美好人生。什么是人生中心教育？李金初认为：教育的任务就是教人做人、教人做事、教人生活，称之为教育功能原理。由此又可以得出：教育的最高目标就是教人优秀做人、成功做事、幸福生活，实现美好人生。人生的最高目标与教育的最高目标是完全一致的，这也恰好说明了教育与人生的密切关系。李金初得出结论：教育与人生的关系是教育的最具本源性和

根本性的基本关系。教育应该以人生为中心设计构建组织与实施。林崇德对李金初先生的"人生中心教育"评价很高，认为它揭示了教育的实质。林崇德也是北师大毕业的，比李金初小一届，自称为师弟。两个人一个在高校以理论研究为主，一个在中学以实践为主，不过殊途同归，拿林崇德的话来说："人生中心教育命题具有原创性、草根性、原点性、根本性的特点，并与我主持的教育部重大委托课题研制的中国学生发展核心素养一致。"

《人生中心教育概论》一书很有特点，对理论的论证方法具有独创性。全书是以241个"命题"展开，命题、论证、推演，环环相扣，完整地展示了人生中心教育论体系。241个命题既是线索，又是内容精髓。

李金初提出命题不是泛泛而谈，而是建立在他六十年教育实践基础上的思考，他的思考有深度、广度、高度，这些命题本身即向人们展示了我国基础教育的现实画面与理想画面，睿智、原创，又体现了情怀与责任担当。

《人生中心教育概论》对教育的理解体现了时代性、方向性。李金初及李金初的《人生中心教育概论》的意义，将随着社会的进步越来越得到彰显。什么叫教育家型的中学校长？他是典范。什么是我们校长该追求的理想的教育境界？他体现了高度。

李镇西：立体而纯粹的教育者

我读了李镇西的《教育的 100 种可能》，有话想说。说说李镇西、说说李镇西的教育，说说这本书以及李镇西与李镇西的教育将会产生的影响。

一、李镇西是一个用心的人，用心一旦成为老师的品质，它的意义就非同一般

《教育的 100 种可能》是李镇西用四十年写的一本书。从第一届、第一批学生写到现在。假如教育对李镇西是一场盛大的旅行，那么这本书，就是这场旅行的真实记录。他写了他的三十六个学生，这三十六个学生都是得到很好发展的人，可以看作是"成功人士"。不过李镇西"成功"的标准，不是世俗的标准，不是功利的标准，有钱、有权不是"成功"，"善良、正直、勤奋、向上"才是应该追求的。这

四个词是李镇西带的第一届班级的班训,当年李镇西希望同学们如此,毕业几十年以后,这些同学竟也始终如此,恪守为一生的行为准则。三十六个人中有医生、飞行员、公共汽车司机、教师、空姐、飞行员、艺术家、科研工作者、火锅店老板、银行职员、足球教练、摇滚歌手等。李镇西希望通过展示他们的人生轨迹,能够让大家真正明白:"每一个孩子都有着属于他个性的成长和成功。"

一个人一辈子专做一件事,锲而不舍,用力加用心,那他一定会成为他所在领域的无可争议的专家。李镇西一生做教育,攀登了三个山头:做班主任、做语文老师、做校长,这三个方面是李镇西做教育的重点,也让他成了立体的教育人。《教育的100种可能》最让我感动是他的《自序:精心加工每一份草稿》,字字珠玑。李镇西很纯粹,是教育的纯粹,他的教育世界是晶莹剔透的。陶行知、苏霍姆夫斯基是李镇西的偶像,以他们为榜样,形影相随,怎么可能会没有建树?

二、李镇西是一个智慧的人,智慧一旦成为老师的品质,它的意义同样非同一般

有人把教育当作一门科学,有人把教育当作一门技术,有人把教育当作一门艺术,有人把教育当作工业用的一条流水线。教育什么都不是,只是她自己,这样理解教育的人,才是真正懂教育的人。不把教育分割的人,把她看作是一个综合体的人,才是有教育智慧的人。

李镇西是一个有教育大智慧的人。翻开《教育的100种可能》，可以看清楚李镇西关注什么，重视什么，在乎什么，在某些人眼里微不足道的现象，李镇西能够看到蕴含的深刻的教育因素与教育意义。学生的一篇篇作文他都保留，学生的一封封信他都认真回复，学生的一张张贺卡他都珍藏，细节就是境界，细节决定成败。

孔子是老师，是老师的祖师爷。从孔子那里汲取教育的智慧，是我们必须做的事情。孔子有得意门生七十二人，最得意的是哪几个？颜回、子路、子贡等，那谁可以排第一呢？按照孔子的意思，大概是颜回。颜回有哪些优点，孔子为何要推崇他，自有理由，关乎他的教育主张、教育思想。《论语·雍也》中，子曰："回也，其心三月不违仁，其余则日月至焉而已矣。"孔子是推行仁治的，他认为颜回可以长时间不违背仁义道德，其他的学生也就个把月而已，这就是孔子眼中的好学生的品行标准。取乎上，我们以孔子为坐标，来对照李镇西。如何？《教育的100种可能》记载了李镇西的三十六个学生，或许可以说这是李镇西眼中的三十六"贤子"，李镇西眼中最优秀的或最值得赞赏的是哪几个？哪些可以排前三，谁是第一？书中没有直接说，书中有答案吗？好像有，好像又没有。

书中第一个叙述的是王红川，他是不是？王红川是李镇西大学毕业分配到乐山一中带的第一届学生中的一个。李镇西眼里的王红川是怎样的一个学生？王红川眼里的李镇西又是怎样的一位老师？王红川成长了，又是如何教育自己的女儿的？有一次，他拥抱了考了59分的女儿，面对考砸了的女儿没有一句责备，一切都在拥抱的这一瞬间表达了。第二天，女儿回来说：我多幸福啊。父母问为何？原来她的一个同学考了90分，回去被家长痛打了一顿。这个案例有多少教育的亮点可以揭示啊。王红川如今是一位优秀的外科专家，也可以说是当地的"华佗"。他的案例不正是李镇西教育成功的案例吗？

三、李镇西是一个对教育有着深刻领悟的人，他的领悟意味着他在真正的意义上做教育

"遇见你是我一生的幸福"，这句话不是单向的，是双向的，老师遇到学生，是一生的幸福，不管这个学生的出身、背景、智力、情感、学业、事业等差异，对老师来说，遇到他，都是一生的幸运、一生的幸福。反过来，对学生也是如此，遇到这个老师，是他这一生不容置疑的幸福、一生的荣耀。这是信念，是师生共同的坚定的信念。从李镇西《教育的100种可能》中，我们可以深刻地体验到，学生对老师抑制不住的信赖、感激、感恩；老师对学生同样抑制不了的认可、喜爱、赞赏。

什么才是真正的教育？李镇西有自己朴素而深刻的理解。他说，"因材施教"喊了两千多年了，可我们现在的教育还是把学生都往"应试教育"独木桥上赶。成者为王，败者为寇。应试成功的是成功者，应试失败的是被淘汰者，还把他们称为失败者，背离了教育的本质。

李镇西用自己学生的例子，予以驳斥。他说：进清华、北大未必与成功相关，读职高、技校未必与幸福无缘。我同时教的两个学生，一个考上重点大学、后来成了"中国机长"的飞行员吴镝，一个初一便因为学习跟不上而转学去踢球、如今成了四川省足协教练的张凌，你能说谁比谁更"成功"吗？在人生的天平上，他俩是等值的。

李镇西之所以成为李镇西，是因为他与苏霍姆林斯基等教育家有着相同的对教育的认识。苏霍姆林斯基说："教育的实质就在于使一个人努力在某件事上表现自己，表现出自己的优点来。"李镇西之所以成为李镇西，是因为李镇西把苏霍姆林斯基的这些理念转化为具体的日常教育行为，让每一个孩子都能在某一件事上表现自己，并能持续不断地得到强化。

四、李镇西是一个实现了自己教育理想的人，他的理想既属于他，又不仅仅属于他

杨东平是一个不可多得的敏锐、深刻、睿智的教育专家。他为《教育的 100 种可能》写了序，这本书也是李镇西与杨东平、程红兵等一起去朝拜苏霍姆林斯基的途中，闲聊时受杨东平先生启发、鼓励下整理、完成的产物。杨东平先生在序中高度评价了李镇西，揭示了李镇西及李镇西做法的意义。杨东平先生的这篇序告诉了我们：李镇西是谁，李镇西从哪里来，李镇西又将向哪里去。

李镇西已经不仅仅是李镇西，李镇西代表的是这个时代的一群人。一群什么样的人？那就是以陶行知为代表的坚持做平民教育的那一批人，李镇西是当下这支队伍中的一位优秀践行者。陶行知倡导"粗茶淡饭的教育""家常便饭的教育"。因为只有这种教育，才能真正产生可以承担社会责任的社会脊梁。杨东平先生认为，对待平民教育的态度，已经成为我们互相识别的特征之一。平民教育，面向大多数人，体现教育的公平价值，关注弱势和边缘群体。"在本质上就应该是清澈明净、朴实无华的，与培养少爷、小姐、书呆子的目标毫不相容。"李镇西坚持的教育，是返璞归真的教育，是回到陶行知原点上的教育，这种教育拥有生命活力，历久弥新。

李迅：金牌校长的成长之路

这个题目概论李迅从教四十年的经历，最恰如其分。

我认识李迅先生已经十多年了，每天见面，在微信见面。我们有一个校长班同学群，群里很热闹，他是最活跃者之一。大家也没有把他当教育厅厅长，群里厅长也不止他一个，群里人人平等，幽默、调侃、风趣，正话反说，反话正说，假话像真，真话似假。我知道他是一个极认真的人，可给人感觉却有些超然；我知道他做了许多事，也很有思想，只是以为比我等略高、略好一些罢了。

这次我想写写李迅，我找来了一些他写的文章，以及别人写他的文字。系统地看，按照他的教育经历，从做乡村普通老师、到省里数一数二的高中做校长，再到省教育厅做主管基础教育的副厅长，与这段履历相对应的文字，就是他的历史。不看不知道，一看吓一跳，我自以为熟悉的李迅，原来我不熟悉，原来他竟然这么了不起，了不起到了我需要凝望的程度。多年前，我看邓拓夫人写邓拓的文章。她说，平时与邓拓生活在一起没有感觉到邓拓了不起,后来集中翻阅邓拓的文稿,发现邓拓竟然这么渊博,让她肃然起敬。她说了一句经典的话:"家里的菩萨不大的。"意思是说,家里有菩萨也不会把他当作菩萨,身边伟大的人,也不会把他当作伟大的人。我天天接触李迅,"读了李迅"后,也有这种感受,不是夸张,是真实。

在李迅身上,数学老师、校长、厅长,这几个角色浑然一体。他是数学老师,还是中国数学奥林匹克高级教练员,曾直接指导两名学生在国际数学奥林匹克竞赛中获金牌,受到中国科协、国家教育部表彰,应邀分别赴西班牙、德国参加国际数学教育大会,应邀以中国观察员身份赴哈萨克斯坦参加第51届国际数学奥林匹克竞赛。他作为数学老师是一个纯粹的数学老师,用卓越这个词形容一点不过分。他当校长,有数学学科的底色,这个底色一直保留到他当厅长。当校长有老师的特质,当厅长有校长的痕迹,是当下教育界不多见的人才。

一、金牌老师的魅力,在孩子的心里种下了自信、成功与幸福的种子

1. 纯粹的初心,卓越老师的情怀与担当

李迅是恢复高考的第一批大学生,毕业那年才18岁,被分配到山尽头、海尽头的一所较简陋的乡村学校,那个地方叫福安甘棠中学。乡村的四年是他的起步,现在看来是扎实的起步,为他未来的教育生

涯奠了基。他一生的教育情怀是从这里孕育的。因为出类拔萃，母校福安一中邀请他去任教。假如福安甘棠中学是序章，那么福安一中则是正式拉开了第一幕。

在酝酿这篇文章时，我与李迅交流，我直截了当问他：你在福安一中是怎么教书的？他随即给我发了一段文字：

"我书房内，书桌边上有一圆桌，几乎每晚有四五个学生坐在那里，晚上九点左右晓虹会煮些点心……"

补课、辅导的细节，那可不是现在的"家教"，而是个别化的课外补充，属于他教学的一部分，纯粹是义务与责任。我可以想象他给我写下这段文字时平静却掩饰不住的那种发自内心的坦然、快乐与幸福的神情。我不知道这个小桌子旁是不是有一个叫温琳清的女生。或许在，或许不在，不过她是李迅的学生，是肯定的。

李迅教她数学，开启了她的数学之门，由数学之门开始了她更神圣的科学之门。2017年10月3日，三位美国科学家因为对引力波的探测所起的决定性作用而被授予2017年诺贝尔物理学奖。而温琳清是其团队的重要成员，她于2001年麻省理工学院物理博士毕业后，在加州理工学院引力波数据分析组开始了引力波探测的研究。2004年，加入在引力波研究领域久享盛名的德国马普重力研究所继续引力波研究。2007年加入西澳大学并于2009年获澳大利亚科研委员会为吸引海外优秀人才颁发的未来学者奖。至今，一直为西澳大学物理系引力波数据分析与高性能计算团队的领军人物。在成功与荣誉面前，这位女生深情地回忆：

我在福安一中读书时，李老师刚刚毕业，我们是他最早的学生。那时的李老师就是我们的"男神"。他个头高而笔直，走路时永远不慌不忙地迈着大长腿，总是一副很酷、很超凡、很潇洒的样子。周围总是跟着一群仰慕他的学生。李老师魔术般的教学，使我们整个年级的同学几乎都疯狂地爱上了数学。似乎人人都想长大以后当数学家。我现在还记得第一次从李老师那里学拓扑论，自己惊愕得不行的那种感觉。

我也同样以激动的心情，抄录了温琳清的这段回忆文字。温同学对李老师的感恩之情是真挚的，这种感恩发自内心深处，没有虚情假意。温同学只是李老师许许多多学生中的一个。1984年至1990年，李迅在福安一中送走了两届毕业生，倾注了他全部心血。之后，他走上了管理岗位，当了教务处副主任，主持工作，挑起了这所省重点中学中举足轻重的教务工作。排课表，"大中午，我搬来高椅子坐在巨大的木制课程表盘上，用各种颜色的小塑料牌摆来摆去……这一排就是好几年，直到我当了福安一中的副校长，仍在排课表。"这是一个细节，表明他是一个能动脑筋，又能吃苦的人。他在一篇回忆中说："后来，我把排课程表所用的数学知识转化到数学教学中，还编出了几道数学习题。能把行政工作与学科教学结合起来，我感到很充实、很欣慰。"尽管职务变了，地位变了，但是他的数学教师的本色没变，这就是李迅的特点。

2. 金牌教练的超越，突破技巧，传播文化，包括数学思想

李迅作为一个数学老师，他的特点，用他学生的话来说，就是"经常让学生脑洞大开，让学生充满好奇，引导学生积极求知探索"。开脑洞是需要魔法的，想办法让学生充满好奇，这就是他的"魔法"。温琳清同学深有感受，许多年过去了，仍在受益。她说：如今，我有时也会碰到各种数学难题，我常常会想起当年在数学课外兴趣小组里努力解答各式各样的数学题，以至于几天感到大脑打结，突然间豁然开朗，把题解出来以后的那种欢欣。那时的训练，让我后来在物理学中碰到数学问题时少了很多畏惧。我在美国的一位天文学启蒙导师有一次跟我坦白，他说我刚去找他想学天文物理时，他让我去读 Landau–Lifshitz 的经典之作《流体力学》，心想，也许里面的数学可以把我吓跑。不料我一个星期后回来轻松地说，读完了，没什么，就一些守恒定律。正是李老师给了她真正的数学启蒙，才有了她之后的成就，温同学深有感触地说："正是对数学的无畏，帮助我开始了天文物理学的研究之旅。"

李迅是数学老师、是金牌教练，他善于学习，能触类旁通。他在多次亲历国际数学竞赛的过程中，体验到了"协调"的内涵与作用。所谓"协调"，在国际数学奥赛中参赛选手在规定时间内答题完成的得分并不是最终竞赛得分，最终得分通过"Harmony"（协调）确定。当选手对评委会给出的得分不满意时，可通过陈述自己的理由，协调得分；若参赛队和评委会不能达成一致，将召开所有领队会议，投票表决确定。比如，某个选手某题未解完，而零星过程思路与数学家们给出的几种标准解答完全不同（国内竞赛或高考遇此类问题通常得零分），无法判断能否按步骤给分；可以在考试后继续原来的思路进行解题，若能解出且不增加烦琐步骤，仍可按步骤得分，甚至还允许参赛队观察员或教练帮助，只要能弄清学生思路可行，即可按步骤给分。如此的"协调"是对学生聪明才智的充分尊重与欣赏。

李迅说："这是支持学生的思想火花继续燃成烈焰，我对'协调'产生了浓厚的兴趣，尝试着把它用于课堂教学与育人工作中，尊重学生们的独特思维，培养学生们的个性发展。一次，我与语文老师谈及协调的做法，我希望语文组老师也能用一下协调。比如，一个学生对于一篇作文有构思却无法书写成文时，老师能否根据他的构思写出一篇文章供其参考呢？这样对于学生而言，学习作文就不局限于一篇范文。即使是作文水平很一般的孩子，当他的想法在老师的帮助下变成一篇习作时，他也会感到自豪的。我想这在许多学科里都很值得尝试。"这不仅是方法的迁移，更是数学思想的迁移。

一个优秀的老师绝不是只教方法、技巧、情感、态度、价值观的新课改理念，在专家们提出来之前，李迅就开始身体力行了。

数学思想与哲学思想在某些方面是相通的，教书育人，而且育人是第一位的。有一次，他作为指导教师，带领学生赴复旦大学参加中国数学奥林匹克竞赛。这是他第一次与著名的数学家近距离接触。除了数学专业的研讨、竞赛场上的激烈角逐，让他不能忘怀，更给他留下最深印象的却是一件小事。那晚，中国数学会普及工作委员会主任、亚洲唯一荣获"国际数学竞赛联盟"颁发的 Erdos 大奖的裘宗沪教授等专家，到福建省队的房间看望学生。李老师和学生们见到专家来了，迅速停下一切，起立以示敬意。之后在竞赛领队会议上，裘教授特别表扬了福建队，那晚看望各队的师生，福建队是唯一全体起立的队伍。

这是一个细节，多年以后，李迅回忆道：其实我们只不过是遵守了《弟子规》中"长者立，幼勿坐；长者坐，命乃坐"而已，裘教授的表扬，强调的是学习成绩好固然重要，但为人礼貌，有良好的品行更加重要。这就是价值观的引领。李老师看重成绩，但他更看重做人。

他注重师生做人的细节，福州一中在一次国际信息学奥林匹克竞赛中有一位同学获得了银牌。这位同学受到中国计算机学会秘书长杜子德先生的称赞，称赞的原因恰恰不是成绩本身，而是在国外参加竞赛时，该学生处处帮助他人。学业优秀的学生比比皆是，但德才兼备之人却难得。福州一中集中了许多优秀学生，李迅更强调"天资聪慧的孩子更应该在品行上成为榜样，成为社会文明的标杆"，他是这样说的，也是这样引导、倡导的。

二、名校长的执着，让福州一中成为一方做真教育、理想教育的圣地

1. 敬畏优秀文化传统，在继承中升华

1999 年，李迅直接从福安一中到了福州一中。福州一中是闻名遐

迎的一所名校，从历史到当下都那般熠熠生辉。重任在肩，如何书写福州一中新的篇章？他做的事情很多，值得赞美的事情也很多。先说我的感受，大概是 2007 年，钱理群先生到我们校园来，他与我谈论当下高中教育的功利化问题。他说，他在国内走了、看了许多名校，只有一所学校让他最为佩服，就是福州一中。办学纯真，高考不奖励，考入北大清华不奖励。从那时起我记住了福州一中，期待早日能去访问、学习。心想事成，2009 年我竟然与李迅相遇，同学三年，不少时候竟是同室居住，朝夕耳闻目睹其风采。

李迅是怎么做校长的？他做了些什么？

李迅校长带领一中人挖掘学校的历史文化底蕴，确立以校友林觉民的名言"为天下人谋永福"为办学宗旨，以"植基立本，成德达材"为校训。这是学校文化建设，确立教育的价值观。

李迅校长带领一中人聚焦"全球化、传统文化、教育本质"，提炼出福州一中育人宗旨八大支柱，即"国家责任、独立人格、学会学习、健体怡情、服务意识、国际视野、实践能力、自立自治"。时隔十年，2016 年教育部出台《中国学生发展核心素养》提出"培养学生的人文底蕴、科学精神、学会学习、健康生活、责任担当、实践创新"六大素养，可谓不谋而合。这体现了福州一中的前瞻性超前意识。

李迅校长在他任内带领福州一中顺利完成新校区建设，秉承福州一中办学传统，并根据时代对人才的要求，带领团队构建面向全体并兼顾个体，必修和选修交融嵌合，重基础、有层次、多样化的课程体系。福州一中的课程体系，是大课程体系，包括基础课程、核心课程、荣誉课程、高阶课程、大学先修课程等，以满足不同潜质学生发展的需要。

无论是在高考还是在学科竞赛上，福州一中都取得了骄人的成绩。国际小行星命名委员会曾以福州一中两位学生名字命名两颗小行星。李迅校长认为培养具有国家责任的人、大爱之心的人，是福州一中不变的教育追求。学生的全面而有特点的发展，始终放在学校发展的首位。

2.高原上的高峰，处处是教育的风景

高原上的高峰是个比喻，这些年来福建的基础教育发展很快，福州一中快中更快，好中更好。福州一中是名校，更是名校中的名校。

李迅提出"三公精神"，即以"三公精神办学"。所谓像"三公"那样做校长、办学，即应"具林公（林则徐）之志存高远、陶公（陶行知）之捧心俯身、周公（周公旦）之重才惜才"。李迅自己说，回首三十多年的教育生涯，我在"三公"身上汲取了无穷且强大的精神力量，这是一种积极、向上的力量。

这里的"三公"与他20多年前，刚当福州第一中学校长，写下的《底蕴·教师·学生——塑造新世纪校长新形象》一文中提到的"三个公"，即"包公""济公"与"洪七公"，是有区别的。"当时改革开放进入攻坚期，社会各种暗流涌动，包公象征着廉洁公正，刚毅决断，不附权贵。济公有着扶危济困、除恶扬善的仁人之心，象征着在办学条件艰苦、经济困难时期帮助师生摆脱生活学习后顾之忧。洪七公则代表着在那个教育资源匮乏的年代，校长们四处奔波，想尽办法，为教育'化缘'、为学校'化缘'的形象。"从"老三公"到"新三公"，表明李迅对办学认识的不断提高，对做校长自觉意识的不断提升。

所谓高原上的高峰，指的是在真正的意义上办学，不为名利遮蔽了双眼。做短视者不会做、不能做、做不好的事，比如说，开展学生的社会实践活动，福州一中有这个传统，但李校长把这个传统弘扬光大了。福州一中在"知行合一"理念下努力创新，不断拓展社会实践的项目和模式，注重统一性与个性化发展并存。他们组织学生奔赴现代工业、农业、能源、港口类的龙头企业开展社会实践，还组织学生到连城等地的农村进行社会考察。用李迅自己的话表达，就是"将活动与课程结合，引导学生由教室小课堂向社会大课堂延伸，增强科学意识，实实在在地培养学生的探究能力和创新精神"。李迅做校长，可贵之处在于他知道什么该做，什么不该做，什么该多做，什么该少做。

又比如，这个社会实践活动，福州一中真正开展起来了。仅仅开展了还不够，不能满足于这种单一的机械的实践形式，还要积极探求整体与个性化的多形式的社会实践方式。在传统的社会实践的基础项目之外，让部分学生组成小分队专门针对某一专业领域进行社会实践。其中同济大学汽车设计制造专业社会实践小分队和福州大学计算机专业社会实践小分队，在同济大学汽车学院的实践活动中，学生们了解了汽车设计制造领域的前沿科技，开拓了视野。李迅校长提倡尊重学生的个性，围绕学生的发展、兴趣等组织活动，让他们处于教育活动的中心地位，成为活动的主体。

李迅的责任担当，不仅仅局限在校内，他还能主动融入社会。他认为校长的责任与担当，不仅体现在如何办好一所名校，更应体现在你承担了多少社会责任。早在2013年，福州一中主动面向非县级城区和乡村的初级中学招收初中毕业生，采取初级中学校长实名推荐，以及数学、语文两门学科的测试相结合的方式录取，放低门槛。在学生进校之后给予他们更多的爱心、耐心与细心，手把手带领他们适应一中，适应课堂。李迅校长对于教育过程的不公平，尽学校最大之力加以改善，让农村孩子、家庭贫困孩子，不会因为一时成绩的落后而享受不到全省最好的教育资源，这种心怀是宽广博大的。

三、好厅长的泽被一方，均衡、平等与优质、科学成为他日常工作的主题词

1. 从老师、校长队伍中走来，与他们心心相印

从福州一中校长岗位上，李迅直接提拔到了福建省教育厅副厅长的岗位上，负责福建全省的基础教育。这是一个有数学学科底色、有名校长痕迹的教育官员。按理说，一个数学金牌教练，理应提倡奥赛，他却旗帜鲜明，他反对学校办"奥数班"或"竞赛班"。他做厅长很简单，很朴实：倡导行政平行班制下选课走班教育；主张课内打基础，

课外出人才；兴办数学兴趣小组、数学爱好者协会，喜欢数学即可入，不必参加竞赛；构建课内外数学教育体系。这是一个返璞归真的教育厅厅长，是一个把教育带回原点的副厅长。

前几天，我与他闲聊，直截了当问他：这几年你当厅长，你做了什么？或者说最得意的是哪几件事？他不答，在我一再追问下，他缓缓对我说道：

"一是让各中小学校长进一步明白，必须按学生身心发展规律和认知发展水平因材施教。省厅的举措若有违之，则可置之不理。二是高中新课程实施，如何落实？力求做到落细、落好、落准。三是构建新中考、高考体系，要做到新中、高招政策让每所初中高中都充满希望。四是构建大学生创业就业"学习—实训—实习—就业"系统。五是完善督导体系，分级督政、分类督学，全面展开教育的精准监测；实施问责制，对义务教育阶段教师工资未做好的县区主官约谈并通报。六是构建智慧评价体系，比如对首批示范性建设高中实施评估，一年至少召开一次调度会，重在过程性评价。七是强化体艺教育，倡导福建教育，健康第一。八是重视乡村教育，如从2018年起，实施乡村小规模学校附设幼儿班，由县、区优质园一体化实施教育等。九是特别重视学前教育、特殊教育，不但要走访调研而且要相继拿出举措。"

这九件事，说说容易，做起来可不是一件容易的事。都是实事，都是难事，都是迫在眉睫需要立即做的关乎民生的大事。这几年福建的基础教育一路迅跑，与李迅不无关系。常言说：一个好校长，就是一个好学校；在当下的体制下，一个好局长，就是一片好区域。教育家型校长重要，教育家型局长、厅长更重要。

当副厅长的这几年，李迅走访了500多所大山里的学校和远离内陆的外岛学校，他深入特殊学校，也深入调查研究城区的薄弱学校，每到一地都要与师生交流，走进贫困家庭中了解学生的情况。他努力做好教育脱贫这篇文章，他认为完美"收官"，需要加固"精神、精准、精细"这三大支柱，他是这样想的，也是这样做的。

2. 大格局、大视野，协同、提升，福建的中小学成为一块希望的土地

在教育副厅长的岗位上，执政理念很重要，甚至比做几件具体的事还重要。最近李迅提出的"新的赶考路上把准'六个性'"的观点，引起了大家普遍的关注。他认为构建基础教育高质量发展体系的应有之义是：帮助每个孩子筑牢人生大厦的根基，培养他们对生活的热情和对人生的热爱，根据每个孩子的特点培养其完整、合适的基础，并给予充分的发展空间和平台，以激发他们学习的兴趣，发展对某领域的爱好，以至于全身心地投入其中、不懈追寻；同时，培养其社会情感力，促进全面发展。

李迅深入学校，学校是他日常工作的主要场所。这几年福建出台了一些有利于教师发展、成长的政策，比如，福建省实施乡村教师支持计划，支持地方和师范院校联合定向培养本土化乡村教师，定向培养、定向就业，积极落实乡村教师乡镇工作补贴、生活补助等政策。

对刚入职年轻教师，在城区优质学校跟岗学习培训一年，在乡村服务4~5年也可以再回城区。现在福建许多农村学校年轻教师力量越来越强大，包括坚守的力量，这与政策的导向有很大关系。福建多山、沿海的特点造就了不少山区学校和海岛学校。有一所罗盘小学，它位于台湾海峡外岛的罗盘岛上，地图上基本上找不出来，一共2名教师、14名学生。李迅去那里调研，学生们满脸的阳光灿烂。老师对厅长说："只要还有一个孩子，我们就会坚守。"李迅为之感动，把他们的事迹写成文章，公开发表，给予切实的鼓励。

李迅的大格局，体现在做实事上。在他主导下，着手构建学生资助智慧云平台，这是充分考虑学生的实际需要，以联动医保、学籍、人社、残联、扶贫等系统，运用大数据人工智能技术，实现从精准资助到智慧资助，以达到迅捷预警、适时资助、智慧精准、有效监管。

做实事还要做在关键处，体现政策的导向。李迅在福州一中做校长时就有格局，当其他重点高中抢生源的时候，他却让出指标，专招山区的孩子、农村的孩子。做了厅长更是力主打通乡村学校孩子升入优质高中的通道。他在各种场合反复强调：虽然市县的中招统一划线录取体现的是公平，然而对于乡村学校，因教育资源的不均，必然存在学生学业成绩不理想的问题，用统一的划线对待这些学生其实就是不公平。一度不少乡村学校初中毕业生零升入当地优质高中。为此，从2018年起，省教育厅明确要求农村初中学校和无选择生源薄弱学校必须有一定比例升入当地最好的高中。"让孩子看到希望"，这就是教育的希望。也是教育必须要做的事，也是必须要做好的事。

　　为写这篇文章，我翻看了一些资料，多少了解了一些真实情况。但是，直觉告诉我，我只是瞎子摸象，片面是免不了的，挂一漏万更是必然，不过，李迅作为"同学"的形象开始鲜亮起来了，我唯有自豪与敬重。

徐寅倩：做立己达人的本色校长

苏州有两所百年名校，一所是苏州中学，另一所是苏州十中，两所学校一度在"协同发展"中"抗衡"。立达中学最早是依托苏州中学举办的一所初中校，是苏州一所被社会与业内公认的品牌学校，从诞生的那一天起，就注定与其他学校不一样，她继承了母体的衣钵，办学精神可以追溯到范仲淹。苏州中学是一所伟大的学校，她的伟大在于百年来培养了一批影响中华乃至整个人类的杰出人才。而立达是站在巨人肩膀上放开眼量创办的一所学校。

徐寅倩到立达做校长，对她来说既是幸运又是挑战。苏州中学与苏州十中虽然同属于吴文化传统背景下的学校，有许多共同点，不过总有一些个性的差异。她年轻，又缺少特级教师等荣誉的光环，如何融入到苏州中学、立达中学的文化体系中去？对她来说，不仅是一个"各美其美"的问题，还是一个"美人之美"的课题。然而，用行动回答问题，徐寅倩的办学实践，证明了她是一个真正的立达中学的好校长。

一、爱心成就了学校，也成就了自己

我认识徐寅倩，是在二十年前，我去苏州十中做校长，她在初中部做老师，是一个很优秀的数学老师。我们在校内公开招聘中层干部。经过层层选拔，五位老师上岗了，徐寅倩是其中一位。刚开始她做学生工作，学生工作烦琐，而她细致周到，凡事不用吩咐、提醒，她都能提前做好，而且不高调不声张，只是勤勉地做事。不久，我发现她数学也教得好，她的课平实，不轰轰烈烈，属于那种返璞归真的本色课。徐寅倩的可贵之处，是责任心强，有困难就上。一位班主任病了，她二话没说，又是顶班主任、又是顶数学课，而且在代课、代班主任期间，同样一丝不苟，尤其对差生，一点不放松，补课、辅导效果十分明显。以至于学校一般不敢轻易地让她去临时代班、代课，因为有了对比，有些老师很难再接班、接课了。

我到苏州十中的第二年，就开办了"振华中学"，这是一所类似于"立达"的公办民助性质的学校，社会与教育内部对这所学校期待很高。我们实行扁平化管理，年级部主任相当于校长，责权利统一。到了初三，确定年级部主任的人选摆上了议事日程，在众多可以选择的名单里，我们毫不犹豫地选择了徐寅倩。她果然不负众望，以身作则，作为年级部主任，不但自己上好课，关键是带领大家实干。在十中、振华校领导的全力支持下，在初三年级全体老师的支持下，这个年级最终交出了一份满意的答卷。

徐寅倩本人也脱颖而出，多岗位锻炼，还担任了振华中学的教务主任，她力抓规范，强化制度建设，常规工作做得有条不紊。苏州十中、振华中学当时提倡"质朴大气、真水无香、倾听天籁"的学校文化精神，与徐寅倩这样的一批管理骨干的务实的工作是分不开的。

有一年教师节，苏州召开庆祝大会，有一个议程是要选一个优秀教师代表发言。这个发言，徐寅倩做了精心准备。其中有一句话我还记得，徐寅倩说："好老师是学生一生的财富。"她从自己遇到的好老师开始说起，她的做法、她的追求、她的感悟，感动了许多人。她说："像爱自己的子女一样爱学生，那自然很快就会成为一位好老师；像爱自己的子女一样爱教育、爱学校、爱教师，那自然就会成为一位好校长。"（徐寅倩《在"立己达人"的理念下，一路前行》）

她爱自己的教师工作，不好高骛远，脚踏实地做好每一件事情。她爱学生，给予他们最需要、最有用、最实在的东西。

我之所以用了较大的篇幅，说徐寅倩的成长，是想展示她的底色。一个校长，从不成熟到成熟，从合格到优秀，不仅仅取决于他在校长位置上怎么做，更重要的是他的底色，即素质、素养。一个成熟校长、优秀校长，首先，应该是一个好老师。不会教书，教不好书；不会做班主任，管理不好班级，不能把爱心，融入到具体的日常的教育教学工作中的人，是成为不了一个优秀校长的。徐寅倩，一个从"振华"

走出来的人，能够担当"立达"校长的重任，正是因为她素质全面，底色纯真。"好老师"的基础条件，决定了她能够继承苏州中学的传统、立达中学的传统。把自己融入进去，把好老师的文化底蕴融入进去，她自然很快就能被立达认可，被立达的传统认可、文化认可、师生认可、家长认可、社会认可。

作为校长，他自身的发展，与学校的发展是紧密地联系在一起的。作为校长，特别是一个优秀的校长、好校长，他的魅力，不仅仅体现在管理上，而是能成为一个学校的灵魂，他必须熟悉学校教育教学以及管理的全程、每个环节，他不是旁观者，而是实质的参与者，还是专业人士，能在做中引领教师一起前行。而徐寅倩就是这样的校长。

二、多元文化的熏陶，学校办学精彩纷呈

一个校长的成长，是一个漫长的过程，不可能一蹴而就。一个校长成长为一个优秀校长，需要多元文化的熏陶，学会文化自觉。文化自觉是苏州十中老校友费孝通提出来的，即"各美其美，美人之美，美美与共，天下大同"。徐寅倩的苏州十中经历、苏州振华中学经历，为她在立达做一个主政一方的好校长，做了准备。她的视野开阔，不局限于某一个局部，能够多元地借鉴与吸收。

她一开始在立达做副校长，有两三年经历，这又是她沉淀于苏州中学文化、立达文化的不可忽视的时期。她好学、谦虚，在副校长的

岗位上，通过上课、通过融入教师之中，把自己摆在"最底层"去蜕变，让自己真正成为一个"立达人"。她的切身体会是："立达建校只有短短25年，但上承苏州中学千年文脉，深受孔子、范仲淹、胡瑗、汪懋祖等先哲思想的浸润，已被赋予浓厚的文化气质，拥有深厚的办学底蕴。"她像当年爱振华一样深深爱着立达。

徐寅倩在担任立达副校长期间，苏州市教育局开始让她兼任苏州市沧浪中学校长。这是一所新学校，从施工开始，到学校文化建设、学校办学理念体系的建立、特色课程的确定，她都亲力亲为。沧浪中学作为苏州中学教育集团成员校，根据集团校的特点，传承苏州中学、立达中学的文化精神和育人理念，校园环境"开放融合、典雅庄重"，融苏州中学、立达中学校训的沧浪校训"灵、勇、达、仁"，血脉清晰；"泽被一方"的教育理念，"本真、灵动、自由、达观"的学校文化精神，渗透江南水乡文化的气息。我曾有幸被邀请参加这所学校的有关文化建设、特色课程开拓、教育理念体系构建的论证，见证了整个过程，徐寅倩以开放的姿态，博采众长。

沧浪中学的出现，是精彩亮相。学校清秀，满是灵气。校训中的"灵"，是灵魂，学校所处运河石湖之畔，融江南水乡的文化韵味。"勇"，与苏中校训"诚思信勇"相对接，千年府学薪火相传。"达"，又取自立达校训"立己达人"，表达要继承好立达的文化精神，追寻立达教育的深度和高度。"仁"，含有博大胸怀和高远精神之意。"灵、勇、达、仁"的沧浪校训，意味隽永，与苏中、立达精神一脉相承。

徐寅倩接任立达校长，她说："我深感责任重大，站在巨人的肩膀上，面对日趋严峻的现实，还需要不断通权达变、主动求变，只有找准教育教学中的痛点、难点，重拳出击、创新突破，才能使学校继续高位发展。"她是这样说的，也是这样做的。立达的创始人王少东，他以敢为天下先的胆魄，以体制改革创新办学，创办了立达。立达从诞生的那一天起，就担负着引导苏州整个初中教育的责任。朱琳校长在任期，主政立达，务实求真，把学校引入了办学高峰，引入到所谓"野生动物园"的学校境界。苏州第一批特级校长顾苏云继任之后，以科研为先导，营造了浓厚的科研氛围，等等。前辈、前任的传统，被徐寅倩视同办学的珍宝。她做加法，不做减法，赢得了师生的一致认同。

她继承"喜爱学习、主动学习、终身学习"的传统，给学生"更多选择、更多平台、更多空间和更多赞许"。所谓给学生更多选择，就是学生可以在午餐时挑选自己喜爱的饭菜，可以在"课程超市"里自主选择想参加的综合实践活动课程，学生还可以自己设计校服并发起投票评选最受欢迎的校服。所谓给学生更多平台，就是爱好体育的可以参加学生自组的体育社团，参加各级各类大赛；爱好音乐的可以在"达人舞台"一显身手；爱好美术的可以把作品展览在"苏州美术馆"；爱好戏剧的可以加入"昆莎戏剧社"；爱好主持和传媒制作的可以在"达人传媒"社团中一展才华。所谓给学生更多空间，比如，学校图书馆是全天开放的；学校实验室是可以预约开放的；学校运动会开幕式是学生创意展示的空间，等等。所谓给学生更多赞许，就是每个立达学生都会在各类活动中获得奖励。立达给予学生的最高荣誉是"班旗为你升起",班旗和校旗是为表现突出的那些学生升起的。

三、在继承中坚守,本色校长办本色教育

徐寅倩说:"我始终认为,让富有个体差异性的学生都能够感受到阳光和雨露的滋养、体验到收获与成功的喜悦,是立达教育的使命,我不敢忘却,也不能忘却这份初心。在教育教学实践中,我们大力弘扬'爱心文化',构建'绿色、生态、可持续发展'的教育环境,倡导'立己'与'达人'有机融合,在发展自我、成就自我的同时,兼济天下,以开放的心态与宏大的气魄,达到内外物质世界和精神领域的双重发展。"她继承苏州中学、立达中学的优秀传统,接受了站位很高的办学思想、主张和表达,并在继承中创新,从实践中提炼出经验,又上升到理论。

对一些名校来说,传承比所谓的创新更重要。本来有很好的传统,有很好的做法,校长一旦变更,就像秋风扫落叶,荡然无存。立达不是这样,他们是做加法,不随意做减法,因而立达精神日益广大。立达的"父母讲师团",从2002年始至今已经二十年,先后邀请了八百余位家长担任客座讲师,开展活动四百余期。他们来自各行各业,有国家干部、科技工作者、医生、教师、企业领导、解放军、民警、法官、律师、心理专家等,有情怀、有担当,视野广阔,知识丰富。做好师

（讲师）生（子女）互动工作。每期活动在指导老师的推动下，均由父母讲师、小主持人（讲师子女）、主持人所在班学生、活动策划班成员共同参与完成。活动策划班是通过校园招募形式，以综合实践报名系统为平台，吸纳有志于活动策划，擅长绘画、文字编辑、排版、摄影的同学参加的一支队伍。父母讲师每周一次，轮流上阵，或亲自走进课堂，或带领学生走向校外，引领学生关注自然、关注社会，成为社会综合实践的一种十分有效的形式，在苏州产生了极大的影响力。

徐寅倩从一位老师，走上校长岗位，从一位好老师成为一位好校长，不变的是她较高的教师素养，"好老师"是她的本色。她平实低调，从不标新立异；她朴实讲结果，从来都是以成绩说话；她敬畏传统，做事讲规矩，终成方圆；她有文化自觉的意识，在多元文化面前，多理解、善于接纳，出现了美美与共的局面。假如，用一个词来概括她做校长的特点，我以为用"本色校长"一词最为贴切。什么是"本色"？就是不雕琢，不做作，淳朴真性情。什么是"本色校长"？就是不虚假不虚伪，踏踏实实做真教育的校长。徐寅倩正是这样的一位好老师、好校长。

郑英：灵魂有趣，教育才有趣

郑英又出书了，书名叫《教育，可以这么生动有趣》，与前三本《教育，向美而生》《班主任，可以做得这么有滋味》《课堂，可以这么有声有色》形成一个系列。读她的书，正如她的书名，有滋有味，因为她的书，有声有色，美，又生动有趣。郑英的书能吸引人，文字有磁力，拥有许多读者，我这是第三次写她的书的读书札记了。

一、郑英是一个精致的人

她在教育上是"用心"的，注意细节，她在做真教育、全教育。

书中有一篇《孩子们的隐蔽痛点，我们是否懂得？》，说了几个故事，是很好的教育案例。这篇文章专注孩子们的"隐蔽痛点"，有哪些"痛点"？生活穷困之痛；缺失父母爱之痛；长相自卑之痛；身疾之痛。在日常观察中，郑英捕捉"痛点"，善于把"痛点"作为教育的契机。

郑英理解孩子，她理解孩子的不易和艰难，眼光不仅仅只是放在学习困难之类的"痛点"，而且还在孩子生活的更为广阔的领域去关注他们。孩子与成人一样，真正的痛是不愿也不会轻易表露的，隐蔽很深。每一方面的痛，郑英都讲了一个故事：

比如讲生活穷困之痛，她说了这样一件事：一次秋游中，郑英发现一个男孩远离班级同学，午餐时，只见男孩拿出一个塑料袋，取出一个馒头，边啃边喝自带的白开水。郑老师猛然想起他的家境，不禁心酸又自责，不过她却不动声色，没有贸然上前，而是等他吃完了，再若无其事地上前去关心他。精彩的地方出现了，"到第二学期的春游时，我有备而来，也带上白开水和馒头。午餐时间，我借故坐在男孩身旁。我喝着白开水啃起自带的馒头，男孩看了看我，也开始用餐，师生俩一边吃一边谈，彼此自在。"这是个细节，真正的教育在此发生了。郑英通过这个案例，说了这么一句话，"对寒门学子来说，真正的关爱不是施舍，而是尊重和帮助。我们要帮助他们变得强大，让他们在接受帮助、感受温暖的同时，享有平等和尊严，而不是自卑和难堪，这考量的是教师内心深处的悲悯和智慧。"有些老师也关心孩子，可是以牺牲孩子的自尊心为代价的，这样的关心往往是一种伤害。

二、郑英是一个善解人意的人

她融入孩子，善于讲故事，而只有善于讲故事的人，自己也才能有故事。

书中《没有什么比守护一颗心更重要》这一篇，也很感人。要守护孩子的心灵，只有进入孩子的心灵，否则只是一个美好愿望而已。郑英认为"守护好孩子的心，才能为孩子一生的成长打好根基"，又认为"我们在遇到棘手的问题时，只要发乎于一颗真诚且善良的心，便离智慧最近"，她还认为孩子"表达他们的热心时，我们要好好守护，留一条通道，在帮助他们释放热情的同时给予一点儿力所能及的指导"，这些都是她教育的亲身实践后的体悟，精辟，闪闪发光。

她在这篇文章中，讲了一个日本歌舞伎大师勘弥的故事：一次勘弥扮演一个远行的人，上场前特意解开了自己的鞋带。边上的学生提醒他鞋带散了，大师点头致谢，蹲下来系好，等学生走后，重又解开。记者看到了，很是不解，问为什么还要解开鞋带。勘弥回答：因为自己扮演的是一个远行的人，这个细节有助于表现劳累和疲惫。记者追问："为什么不直接说出你的用意呢？"回答："别人的亲切关怀与好意必须欣然接受。而要指导学生们演戏的技能，那机会还会有很多呢。"

勘弥的"多此一举"，只为守护弟子的那份热情。郑英也体悟到了这个看似寻常的细节，却有着非凡的用心。她接着讲了自己教育中的一个故事：班上有一位男生坐车时，遇到一位大肚子妇女，赶紧让座，结果却尴尬，对方不是孕妇，只是肥胖，让人家生气了。男生本是热心，却让对方包括自己都受到了伤害，他表示：以后再也不让座了。郑英老师知道后，循循善诱，宽慰并引导，并说了自己也曾有过的尴尬，介绍了自己面对这样的事时的做法:"为了让对方感到自在,我会说一声'我快下车了,你来坐吧',然后走向后车门",男生恍然大悟。郑英发表了这样一段议论,她说:"在教育中,孩子们常用他们的方式向我们表达热情,这份热情可贵又纯真。对此,我们应积极回应或守护,让孩子永葆这份热情。须知,一份热情若是常常遇冷,便会渐渐冷却。"这就是郑英的教育智慧。

三、郑英是一个精神饱满的人

她在教育上是"有趣"的。生活有情趣,教育才有情趣。

书名《教育,可以这么生动有趣》,概括了书的特点"有趣"。一个能把别人以为是枯燥乏味的教育做得有趣,那这个人本身也一定是有趣的。老师有趣,课堂才有趣,教育活动才有趣,学生也才能有趣,有趣是事物充满朝气阳光的显露。郑英的书有趣,是因为她做的教育工作有趣,她做了有趣的教育的事,又是因为她人有趣。

我从郑英的朋友圈所发的文字,断定她是一个有趣的人。人们常说,一个成功的男人背后一定有一个支撑他成功的女人。反过来也可以说,一个成功的女教师的背后一定有一个支撑她成功的男人。被郑英在朋友圈称为"胡某"的那个人,一定是支撑她成功的那个"当家的"。郑英朋友圈涉及胡某的文字都是有趣的,调侃他、戏弄他、挖苦他,乃至作践他,都是满满的爱,是爱到深处的最本真的表达。不妨

随意举几个例子,这些例子,我一边阅读一边忍不住要笑,有趣到了极致:

"胡某从口袋里掏出一个橘子,说是人家给他的,非常好吃,自己舍不得吃,揣兜里带给我。我每吃一瓣都落一次泪,本以为早早实现了吃橘子自由,万万没想到还要靠胡某嘴里省下来,真是悲戚,对了,剩下的赶紧包起来,留着明天吃。"

胡某这么爱她,遇到一只甜橘子都舍不得吃,必须带回家。而郑英正话反说:吃一口就落一次泪。我以为是酸得让她落泪,原来不是,我又以为是开心得落了泪,原来也不是,却是伤心得落了泪。到今天还要靠"胡某嘴里省下来,真是悲戚",这还没完,还要继续演绎下去:"剩下的赶紧包起来,留着明天吃",珍惜啊,珍藏啊。多有趣,继续看下去,又有一则:

"刚不小心碰到白天摔到的膝盖,又龇牙咧嘴了一下,想到刚刚收拾掉的桌子上、茶几上胡某擦过手的餐巾纸,顿时火大。我就不信我弄不死你我,于是表面风平浪静实则暗流汹涌地朝胡某碾压过去……

"转念一想,有道是唯上智与下愚不移,跟这厮生气显然是自虐。嗯,不生气、不生气,当年是自己亲手挑的,再说人生如戏全凭演技。于是笑意盈盈地给胡某示范了一下用过的餐巾纸的正确处理方式,胡某诈尸一样地起来到处查看。"

生动的生活场景,如舞台上的剧情。心理刻画揭示了剧情的开始、发展、高潮,眼看一场冲突要爆发了,转瞬平息,峰回路转,体现了生活的艺术、教育"当家"的艺术。一个笑面虎的自我形象刻画得栩栩如生。再看：

"两年前照着胡某的样子刻的，认识的亲们看看，相似度有多少？我给自己打个精确的分值，94.94。眼睛三角形鼻子三角形嘴巴长菱形，就脸型一个方脸一个南瓜脸，不过这个我也没办法，砍了就没脸了。"

一只南瓜，刻了一个人脸，硬说这是胡某。在丑化中透露的却是真正的喜欢与赞赏。最后一句"不过，这个我也没办法，砍了就没脸了"，让人忍俊不禁，没脸了，那才是真成了大趣事了。胡某对妻子是宠爱有加，不折不扣地体贴关怀，从下面这则趣话中不难看出，郑英抑制不住在调侃中流露出来了：

"胡某出差，我都是调好闹钟等闹铃一响马上一个鲤鱼打挺起来；胡某在家，我基本都是等喊第三遍再起来。而因为我，胡某基本都是上班第一名。可见胡某使人落后，而我使人进步。"

生动么？无以复加地生动。难怪有一个微信好友这么哀求："郑老师你千万别删我，我绝不打扰你，我就是很想看看你怎么战胜你们家胡某，我好现学现用。"郑英日常家庭生活中的有趣，自然延伸到了学校。看她在朋友圈与孩子们的相处，时时处处事事有趣：

"小郑姐姐，我送你一个秋天！"

"我猜是银杏叶子。"

"银杏只有色，而桂花还有香，所以送你桂花。"

这贴心妮子叫刘锦灿。

一个货：只觉得眼前一亮，原来是小郑姐姐进来了。
另一货：佛光普照啊。
又一货：那么是什么佛呢？
再一货：斗战胜佛。

师生如此亲密无间，亲情浓浓，不是让爱的气息在校园弥散吗？郑英与老师之间的关系也是那么有趣味：

"出了份试卷，组长就这样犒劳我，我真是做牛做马都愿意了。"

"一早，一个影子嗖地进来，扔下一块巧克力就飞出去，好吧，一早就被甜蜜砸中，走，去批作业，拿起红笔走路带风地过去。"

从郑英的这段文字，可以感受到她所在学校的文化氛围，那里有一群精致与有趣的人，人精致与有趣了，学校也精致与有趣了，教育也精致与有趣了。